ESENCIAL

FERNANDO BOTELLA

ESENCIAL

Una luz de inspiración para vivir
atento a lo que importa

PRÓLOGO DE RAMIRO CALLE · EPÍLOGO DE PABLO D'ORS

Rocaeditorial

Penguin
Random House
Grupo Editorial

Primera edición: mayo de 2024

© 2024, Fernando Botella
© 2024, Sara Botella, por las ilustraciones
© 2024, Ramiro Calle, por el prólogo
© 2024, Pablo d'Ors Führer, por el epílogo
© 2024, Álex Corretja, autor invitado
© 2024, Marcos Gómez Sancho, autor invitado
© 2024, Roca Editorial de Libros, S. L. U.
Travessera de Gràcia, 47-49. 08021 Barcelona

Printed in Spain – Impreso en España

ISBN: 978-84-10096-38-7
Depósito legal: B-5905-2024

Compuesto en Grafime, S. L.

Impreso en Limpergraf
Barberà del Vallès (Barcelona)

RE 96387

Dedico este libro a todos los ángeles de carne
y hueso que habitan mi vida.
Gracias por quererme.

Gracias por el tiempo compartido;
ese tiempo que tanto me ha enseñado,
tiempo al que llamamos VIDA.

Gracias a mi primer amor: mi madre.
Y gracias a él, por estar siempre tan cerca: mi padre.

Gracias a mis dos niñas: Anna y Sara.
Y a Emma, por concederme el mejor de
mis títulos: el de abuelo.

Gracias a Marie, porque me ha enseñado
lo más esencial que la vida tiene: el amor.

AHORA LO SÉ.

Gracias a todos vosotros,
queridos lectores, por ser la luz de mi inspiración.

ÍNDICE

No conozco más que dos formas de darle sentido a mi vida:
amar a alguien y escribir un libro.

CLAIRE LEGENDRE

El que no ama la vida no se la merece.

LEONARDO DA VINCI

El pasado es mi prólogo.

WILLIAM SHAKESPEARE

Las lágrimas que derramé ayer
se convirtieron en lluvia.

Cuando miras en tu interior y encuentras que no eres nada,
esto es sabiduría.
Cuando miras fuera de ti y encuentras que lo eres todo,
esto es AMOR.

NISARGADATTA

Todo lo que pasa es por algo,
y lo que no pasa también.

Postureo es desvivir para parecer que vives,
darlo todo para simular que no te hace falta nada,
hipotecar tu felicidad para dársela a otros.

Agencia Putos Modernos

No todo tiene explicación.
No todo tiene respuesta.
No todo tiene sentido.
No todo es justo.
No todo es lógico.
Aprender a vivir es entender esto.

Mantra

Es mejor estar callado y parecer tonto
que hablar y despejar las dudas.

GROUCHO MARX

EN POCAS PALABRAS...

Me ha costado más de sesenta años
darme cuenta de que he empezado a vivir
en la medida que he dejado
de ser yo mismo.
No soy el que era. Y lo celebro.

Querido lector:[1]

Este libro se podría haber titulado *Lo que ahora sé*, con referencia a todo lo verdaderamente ESENCIAL que el transcurrir del tiempo me ha enseñado. Una forma de entender mi vida actual mirando y aprendiendo de todo lo vivido, que, si tú quieres, quizá pueda ser **una luz de inspiración** para ti.

El tiempo pasa... La vida pasa.
Y va dejándonos un rastro de enseñanzas;
esas que, a lo largo de estas páginas,
quiero compartir contigo.
No quieren ser lecciones de vida. No lo son.
Tan solo reflexiones que nos permiten cuestionarnos el presente.
También cambiar, si lo necesitamos.
Renovarnos. Renacer. Recrearnos.
Vivir «momentos RE».
Plantearnos que las cosas pueden ser de muchas maneras.
Y que no existe un camino único.

1. En este libro, en casi todos los casos, uso el masculino genérico con el objetivo de facilitar la lectura. Pero este libro va dedicado a todas las personas, sin ninguna exclusión sexista. Y, aunque obvio, quiero dejar claro mi respeto absoluto a la defensa del uso del masculino y del femenino cuando corresponde.

Hacer un buen uso del tiempo nos está indicando que estamos vivos.

¡AHORA LO SÉ!

Y a mí, como te pasará también ti, el tiempo me ha regalado momentos únicos y muchas situaciones de las que aprendí.

Es el regalo de la vida. Es **la cita** con la vida.

Y lo mejor de todo, siento que me queda todavía muchísimo, hasta un infinito (∞), por **saber**. Y por **hacer**. Soy un grandísimo ignorante. Me queda tanto por aprender... Lo he dicho muchas veces: mi ignorancia es matemáticamente exponencial.

Me hago responsable de todo lo que en este libro he escrito, pero no de lo que tú entiendas o te lleves de él. Eso es cosa tuya... Y, con tu permiso, me hago cargo de lo que soy y de lo que hago. No de lo que tú creas que soy o hago.

Mi objetivo es que mis vivencias, reflexiones e ideas te ayuden a fijarte en ti mismo, no en mí. Que te animen a mirarte. Que te dirijan hacia tu crecimiento personal. Hacia la búsqueda de tu bienestar.

Este no es un libro de profundidad, ni tampoco de definiciones. Quiere ser un libro sencillo y humilde, en el que quiero compartir ciertos aprendizajes que en mi vida me han ayudado, me han dado luz, **ahora que sé que los sé.**

Por si te ayuda. Por si pueden ser **luz** también para ti.

Este libro no es una lección de sabiduría. No está concebido para decirte qué debes hacer o qué no. Jamás fue mi intención.

Es solo un texto que quiere encenderte una **luz inspiradora.**

Una **puerta abierta** que te permita entrar si tú quieres, y recorrer tu camino de sombras y luces.

Y algo más..., por si te sirve: lo que te cuento en este manual no adquiere su importancia en lo que yo ahora sé, sino **en lo que ahora hago.**

Quizá no siempre con la intensidad, profundidad, frecuencia y saber hacer que me gustaría, pero todo lo que te cuento en esta obra ya forma parte de mi **sabiduría esencial**; no de mi conocimiento, sino de mi **hacer cotidiano.**

Siempre fui un defensor del verbo «hacer».

Y algo muy importante: en algún momento, durante la lectura de este libro, es muy posible que el lector pueda quedar confundido con aparentes contradicciones que el autor se haría consigo mismo. En algunos momentos del texto, se comparten ideas, reflexiones o propuestas conceptuales que podrían parecer opuestas.

Por ejemplo, es posible que leas al autor refiriéndose a la importancia del «hacer» frente al «saber», y a su vez, le leas también diciendo que debemos dedicar menos tiempo al «hacer» y más a «contemplar», resaltando incluso las bondades del «no hacer».

O que el libro comparta la importancia de «hablar» para alcanzar mayor bienestar emocional y sentirnos más felices, a la vez que el mismo texto patrocine «el silencio» o «la escucha» como claves del mismo bienestar.

¿Es una contrariedad?

Aparentemente podría parecer que sí..., pero, sinceramente, no creo que lo sea. Hablar asertivamente nos hace sentir mejor, conectar con los demás, relacionarnos, a la vez que el silencio nos conecta con nosotros mismos. ¿Es una contrariedad?

En otro capítulo más adelante, casi llegando al final del libro, titulado «15 gotas esenciales de luz», expondré, según yo lo entiendo, todas las conexiones que hay entre estos términos y conceptos, que aparentemente parecen paradójicos.

Quizá sea interesante resaltar que, para este autor, lo esencial no es dual, no separa conceptos, sino que los une. Hablaremos de ello en el capítulo titulado «Los opuestos».

Y también conviene añadir que la espiritualidad, desde mi vivencia personal, pasa más por ser conscientes de lo que aquí vamos a tratar, llevarlo a nuestro día a día, aterrizarlo en lo cotidiano que por refugiarse en la soledad de un monasterio, por ejemplo, algo que también es una opción licita y muy válida.

Ahora, te animo a que te dejes llevar con la lectura, y que tú mismo vayas **atando tus propios hilos.**

¿QUÉ ES ESENCIAL?

Todo aquello de lo que **nunca** deberías prescindir.

La verdadera naturaleza de las cosas.

El camino de la verdadera **felicidad** consiste en aprender a discernir lo vital de lo trivial, lo esencial de lo accesorio, lo confuso de lo que nos ilumina.

¡AHORA LO SÉ!

Sé de aquello que no puedo ni quiero prescindir. Ya forma parte de mi **luz**.

Una luz que puede ser, si tú quieres, **inspiración** para ti.

PRÓLOGO

Por mucho que se lo proponga, nunca el tornillo de un Boeing podrá saber del funcionamiento de todo lo que en el mismo opera. Hay que *humildarse* y ser conscientes de que por un lado está lo que conocemos, por otro lo que desconocemos pero podemos llegar a conocer y por otro lo incognoscible y que nuestra limitada mente no puede conocer. Pero hay mucho —y muy valioso y revelador— que desconocemos y podemos llegar a conocer, empezando por descubrirnos a nosotros mismos y no pasar toda una vida conviviendo, malamente, con un gran desconocido. El libro que nos entrega ahora Fernando nos ayuda a conocernos y mejorarnos y, por tanto, saber mejor desenvolvernos con nosotros mismos y con los demás.

Y hablando de lo incognoscible, tenemos que ser conscientes de que más allá de conjeturas metafísicas o pseudometafísicas (y no poco noveleras o románticas), nadie sabe por qué en unas personas se desencadena el mecanismo de la búsqueda y en otras no, o por qué unas personas desde niñas tienen la necesidad de buscar lo que está más allá del pensamiento ordinario y las apariencias y otras jamás sienten esa necesidad. Este es otro misterio. Así, hay niños que antes de saber leer o escribir ya experimentan ese desconsuelo e insatisfacción que les conducen a buscar realidades supremas, mientras que hay ancianos que nunca a lo largo de su vida han tenido esa necesidad. Debo ya aseverar que esta obra nos invita a buscar y buscarnos, a conocernos y a perfeccionarnos, a dejar de ser una mala copia de nosotros mismos y a conectar con nuestro lado más luminoso.

No hay nada que pague un instante de paz. Constantemente ese recordatorio a mis alumnos en las clases de meditación les ayuda a no abandonarse o descuidarse en la larga senda hacia la autorrealización. La serenidad es uno de los bienes más preciados y por lo general hay que poner los medios para conquistarla. Es una experiencia de bendita paz interior. Fernando nos ofrece claves para conseguirlo.

La mente tiene sus enemigos, la mente tiene sus aliados. La mente es el escenario de claroscuros donde vivimos o malvivimos innumerables experiencias, estados y sentimientos. Con razón Buda decía que la mente es la precursora de todos los estados y que todos los estados enraízan en la mente. En la mente hay funciones preciosas como el discernimiento, la atención y la sensibilidad. Fernando Botella nos enseña a velar por ella.

En todos nosotros hay un lado oscuro. Solo un narcisista recalcitrante no lo aceptaría, y por eso su lado oscuro es el peor y más incurable. Al irse uno conociendo, descubre sus autoengaños, miserias y grandezas. Este desenmascaramiento puede llegar a ser muy doloroso, pero siempre sano. Fernando nos aporta reflexiones, citas, argumentos y enseñanzas para aprender a ser nosotros mismos, más allá de la falsa personalidad, la imagen y la autoimagen. Botella nos va dando valiosas instrucciones para conectar con nuestra esencia.

Podemos resignarnos a nuestra propia necedad o superarla; asumir la ignorancia básica de la mente o disiparla; dejarnos extraviar por lo superficial, banal y superfluo o poner el énfasis en lo sustancial. Lo que importa es lo que importa, y Fernando Botella nos abre veredas para dirigirnos a lo esencial —que representa el verdadero sentido de la vida— y desconfiar de lo accesorio.

En la India, un mentor me miró con sus ojos de fuego, intensamente, y me dijo: «Si tu mente no te gusta, cámbiala». Recurriendo a su propio anhelo de transformación, inspirándose en su propio trabajo interior y acopiando citas de los más grandes sabios, Fernando Botella nos invita a emprender la larga marcha de la autorrealización para hallar la armonía y embellecernos por dentro.

Fue en Londres en donde, al gran sabio y monje budista cingalés Walpola Rahula, le pregunté por el sentido de la vida, y me respondió de manera directa y contundente: «El que usted quiera darle». Fernando pone a nuestro alcance enseñanzas milenarias que pueden ayudarnos a discernir mejor ese sentido. Y todo ello lo hace sin caer en ningún tipo de dogmatismos y con un sentido de apertura espiritual e intelectual.

Las enseñanzas no son solo para ser leídas y reflexionadas, sino para que nos ayuden a transformarnos, afirmando lo mejor de nosotros mismos y tratando de debilitar lo peor. Hay una sabiduría perenne y que nunca ha dejado de fluir en todas las épocas y latitudes. El autor del libro hace acopio de ella para activar nuestro discernimiento y estimular nuestros mejores impulsos, para mejorar nuestra calidad de vida interior. Menos mirar hacia fuera, más mirar hacia dentro. Menos apoyar el ego y más apoyar el ser. No basta con vitaminas para el cuerpo si no las apoyamos con las vitaminas para el alma: generosidad, compasión, sensibilidad, lucidez.

Durante veinticinco años mi hermano Miguel Ángel y yo realizamos semanalmente un programa de radio llamado *La Tertulia Humanista*. Era el único que había en nuestro país sobre estos temas; encantados hubiéramos contado con la asistencia de Fernando, puesto que toda exploración e indagación en los pliegues del alma humana nos ayuda a conocernos y completarnos. Necesitamos abrirnos y estar receptivos a todas las sugerencias que nos puedan ayudar a seguir por la sinuosa, pero muy prometedora, senda hacia la *Mente Grande*. Cuantas más ventanas se nos abran a lo *Incondicionado*, tanto mejor. Una sociedad enferma necesita toda clase de medicamentos genuinos; una mente discapacitada requiere toda suerte de psicomedicinas naturales.

Felicito a Fernando Botella por su entusiasta y sentido trabajo, y animo al lector a que no solo se limite a leer el texto, sino a incorporar lo que de él aprenda a su vida. En lugar de ser gobernados por tendencias nocivas como la avidez, el odio o la ofuscación, seámoslo por tendencias beneficiosas como la generosidad, la compasión y la claridad. Una y otra vez mi hermano espiritual Baba Sibananda de Benarés me insistía en aquello de «Lo más importante de la vida es el amor, más la paz». Fernando lo sabe y lo evidencia a todas luces en su libro. Todas las personas de buena voluntad y nobles sentimientos lo sabemos. Ojalá cada día sea mayor el número de personas que lo sepan y lo compartan.

RAMIRO CALLE

¡ATENCIÓN!

Tengo una mala noticia que daros: un porcentaje muy alto de vosotros, más del 60 por ciento de los que ahora tenéis este libro entre manos, no lo leerá de forma detenida. De hecho, muchos de vosotros ni lo terminaréis, incluso aunque os haya llamado la atención y lo hayáis comprado. Otros leeréis sus textos de salto en salto, con una gran falta de concentración; lo ojearéis o lo visitaréis como quien lee noticias rápidas tipo tuit.

Y... ¿por qué lo sé?

Porque es un hábito, en mi opinión desgraciado, que padecemos en esta sociedad actual. Me refiero a la

FALTA DE ATENCIÓN

Vivimos inmersos en un torrente excesivo de información, nadamos entre un mar de datos y de noticias, la mayoría negativas, con un modelo de pensamiento imparable, y un diálogo interior creador de trastornos compulsivos, obsesivos, ansiosos, hiperactivos... Además, sentimos una disminución de concentración en nuestras tareas y disfrutes cotidianos, nos relacionamos de forma ansiosa con las redes sociales, y en general con el mundo *tech*, tenemos una percepción de que el tiempo se mueve en modo acelerado, a una velocidad de vértigo, con urgencia, y sin saber cómo pararlo, y todo pasa por una mente convulsa, que también gira y gira a una celeridad mareante...

Vivimos dentro de un desorden generalizado de **atención**.

La economía y, sobre todo, el mercadeo están centrados en la atención. Competimos por la atención de otros.

Y si de algo hay carencia es de atención.

Nuestra cabeza parece haber sido entrenada, y da igual la edad que tengamos, para hacer *scroll*, para vivir en modo *zapping*.

Y para la multitarea. También para no soportar el silencio, el recogimiento.

La atención es el arte de la presencia; es la capacidad de estar presentes en lo que nos toca vivir.

Pero, normalmente, no estamos en lo que estamos; el mundo viaja a una velocidad que no está en lo que está. Nos han educado para estar centrados en el rendimiento, la productividad, la acumulación, la capitalización, olvidando muchos básicos tan necesarios para poder disponer de una vida con mayor bienestar.

Tres claves necesitaríamos aprender y practicar:

**estar presentes,
en el presente
y atentos.**

Y saber que no hablamos de dejar la mente en vacío, eso es imposible, sino de aprender a dejar de atender lo que en cada momento no merece nuestra atención. Es escuchar. Es recibir. Es sentir. Es no saturar la mente.

Atender también es aprender a esperar. Y a aceptar. Y a contemplar.

Y no vivir con una mente en modo compulsivo, impaciente, con necesidad de opinar con urgencia, hiperparticipativa, intolerante, identitaria, enjuiciativa, precipitativa, abotargada…, en modo automático.

La atención es también la cualidad humana que nos permite entender lo que está pasando en cada momento. Atender es estar enchufado al detalle. Observar con atención nos permite ver lo que, de otra forma, no veríamos.

Yves Citton, en su libro *Por una ecología de la atención*, habla de la atención vinculante, a la que etiqueta con el adjetivo de «ecológica», refiriéndose a la atención que nos relaciona a unos con otros.

Miramos y atendemos lo que los demás miran y atienden.

La atención entre personas se mueve en un sistema de resonancias.

Ponemos nuestra atención en lo que es tendencia. O lo que otros nos hacen creer que es tendencia.

Si no somos capaces de sostener la atención en el presente, en aquello que estamos viviendo en cada momento, nos afectará a la capacidad creativa. Sin atención no hay creación.

Si no hay atención, hay distracción. Y esto último nunca va asociado a la inteligencia, ni en términos emocionales ni cognitivos.

> La interrupción, por definición, interrumpe.
> La atención conecta. Y nos conecta.

Quizá toque ya dejar de vivir corriendo, apresuradamente.

Hay personas que corren de forma estresada a su clase de meditación o de yoga, nerviosos por saber dónde podrán aparcar su coche, por ejemplo…

¡Qué paradoja!

Y otras que buscan espacios para relajarse y descansar, como hoteles de lujo, casas rurales, jacuzzis o islas semidesérticas, para luego conectarse más de cien veces cada día a su móvil.

¡Contradicciones del ser humano!

Y quien esté libre de culpa que arroje la primera piedra.

> Recuperar la atención es algo absolutamente **ESENCIAL**.
> Si queremos vivir intensamente, deberíamos **vivir atentos**.
> Este es el propósito principal de este libro. El más **esencial**.
> Vivir atentos es **estar dentro** de las situaciones que estamos viviendo.
> Y ahí es donde habita la **vida**. Y el **ser**.
> **¡NO TE LO PIERDAS!**

CUALIDADES ESENCIALES

Dondequiera que estés, ahí estás.

Me siento afortunado, la vida no me lo puso fácil.
SIGMUND FREUD

No me siento ningún maestro, ni mucho menos un gurú.

No soy divino, ni adivino, ni jamás lo pretendí ser. Ni mucho menos un «sanador», de ningún tipo. No me siento con la verdad, ni absoluta, ni siquiera de forma parcial.

He querido compartir con vosotros ideas, a mi modo de ver **esencias,** entresacadas de lo que yo vivo, y que a mí me ayudaron en el camino de mi sanación o, si lo prefieres, llámale de mi desarrollo personal.

Y me siguen, cada día, ayudando.

Conceptos que me permiten entenderme conmigo mismo, y con los demás. También me parecen útiles para comprender ciertas fuerzas psicológicas, y de otro tipo, que nos hacen más poderosos, que motivan nuestra voluntad, que remodelan nuestros valores clásicos, esos que aprendimos en la escuela de la vida, y esos otros que jamás nos enseñaron.

Algunas de las ideas que en este manuscrito expongo ya las desarrollé desde otro punto de vista, y quizá con más profundidad, en algunos de mis otros libros; en este me aproximo a ellas desde un ángulo diferente.

Obviamente, algunas de las conclusiones que llego tienen un componente elevado de subjetividad. No me escondo de ello.

No pretendo tratar los temas desde un punto de vista dogmático, sino tan solo poner ciertas ideas al servicio de vuestra reflexión, análisis y conclusión.

**Yo... NO siempre fui así, como ahora soy.
Y NO siempre seré así. ¡Espero!**

También debo decir que la forma de entender la vida que en este libro expongo nace de mi contacto con miles de personas cada año, dada mi dedicación profesional al mundo del acompañamiento y desarrollo de profesionales en el mundo de las empresas.

Eso sí, quiero destacar que no ofrezco recetas magistrales, ni fórmulas mágicas, ni remedios universales. Ya os he dicho que no me considero «el mago de la tribu», ni un chamán.

No creo en los salvadores de otras personas. Ni yo quiero serlo.

Sí creo en que cualquiera de nosotros puede descubrir su mejor **luz** poniendo foco en lo **esencial**.

**Mi propuesta es muy simple: activar y estimular vuestra curiosidad
para que podáis entrar en vosotros mismos y así, si es lo que queréis,
nutrir vuestra mente, encender vuestra luz interior, vigorizar aquello
que en la vida os puede hacer sentiros mejor.**

A. H. Almaas llamó **cualidades esenciales** a las esencias básicas que constituyen nuestra identidad profunda y verdadera: ser, energía, voluntad, inteligencia, consciencia, amor y bienestar.

De todas ellas, de una forma u otra, vamos a hablar en este texto.

Y también nos referiremos, de diferentes maneras a lo largo de todos los capítulos, a la teoría aplicada de *mindsight,* teoría formulada por Daniel J. Siegel, profesor de Psiquiatría en la UCLA, codirector del Mindful Awareness Research Center de esta universidad y del Mindsight Institute. Una teoría que explica la capacidad de nuestro cerebro para el conocimiento de uno mismo, sobre introspección, atención, propiocepción..., permitiéndonos adentrarnos en nuestras propias emociones, sensaciones, vivencias...

Basada en la comprensión y capacidad, desde la consciencia, de entenderse con uno mismo, desarrollando el autodominio y autocontrol, capacidades que son esenciales para tener una vida de éxito, de bienestar.

La excelencia en estas capacidades nos ayuda a prosperar en las relaciones con los demás. Recordemos que el cerebro es un órgano que nos permite conectarnos con las dos dimensiones cruciales del ser humano: intrapersonal e interpersonal. El cerebro es un órgano social.

Mindsight es un término que podría traducirse como «visión de la mente», según indica su autor, y consiste en centrar la propia atención en la propia mente para observarnos mejor y permitirnos ser más conscientes de nuestros procesos mentales sin vernos arrastrados por ellos, librándonos del automatismo de todas las conductas arraigadas, de las creencias limitantes que nos fueron ancladas, de las respuestas rutinarias ante una situación. También nos ayuda a romper con los ciclos emocionales reactivos en los que tendemos a quedarnos atrapados.

Consiste en el desarrollo de ciertas habilidades que nos posibilitan limpiar nuestra lente interior, metafóricamente hablando, para ver con más claridad qué nos sucede y cómo nos tomamos aquello que nos sucede.

Todas las propuestas de este libro tienen como foco mejorar el *mindsight*, ya que muchas de ellas incluso actúan transformando el plano físico del cerebro. Son propuestas de trabajo. Tenemos que trabajárnoslo si queremos avanzar en este sentido, el cambio esperado no se da por sí solo. El *mindsight* es una capacidad esencial en el desarrollo del bienestar humano.

El aprendizaje de metodologías basadas en *mindsight* nos ayuda a integrar los tres vértices del triángulo esencial: la mente, las relaciones y el propio ser.

¿Cómo podemos desarrollar la capacidad de poner atención a nuestros pensamientos, percibirlos, analizarlos y reconocerlos como una actividad de la mente a la que no debemos dejar que nos domine?

¿Cómo explorar las riquezas de nuestra mente, en lugar de limitarnos a reaccionar a sus reflejos y percepciones?

¿Cómo podemos dirigir nuestros pensamientos y sentimientos, en lugar de ser nosotros dirigidos por ellos?

¿Cómo podemos conocer mejor la mente de otros y, desde ahí, entender mejor qué sienten y por qué se expresan o actúan de una determinada forma, para así poder responder más empática o compasivamente?

Dar respuesta a estas preguntas es materia del autor en este libro.

Explorar la esencia subjetiva de quienes somos, para poder crear una vida con más significado, más divertida, libre de pasado innecesario, con un mundo interior más rico y profundo y, quizá así, pudiendo sentirnos más libres, con una mejor salud emocional y vital. Todo ello necesario y básico para también mejorar las relaciones con los demás.

Si te parece bien, puedes utilizar este manual abriéndolo por el capítulo que más te apetezca. Y puedes saltar de uno a otro, sin orden alguno, si así lo quieres. Puedes leerlo bajo el orden que a ti mejor te parezca, según lo necesites o según te inspire su título. Aunque ha sido diseñado en modo ordenado, en tres partes, como un acorde de tres notas: encender la luz, ponerla en movimiento y finalmente fundirla en negro.

Y, aun así, está escrito para que cada uno de sus capítulos tenga vida propia, para que todos ellos estén relacionados interdependientemente, a la vez que, cada uno, tenga su propia identidad.

Te recomiendo que, cada vez que leas un capítulo, lo dejes reposar en ti. Intenta vibrar con sus reflexiones, bien sea para acercarte o para alejarte de ellas. Crea, con las esencias que hayas aprendido, tus propias decisiones y acciones. ¡Trabájalas!

Permítete borrar lo que te sobre, desaprende cuanto sea necesario.

Y, también, añade aquello que te esté faltando.

Sé rebelde contigo mismo. Critícate. Y cámbiate, si esa es tu meta.

PARA,
RESPIRA,
CONTEMPLA
SIENTE,
HAZ
Y... DA LUZ A TU VIDA.

Me gustaría escribir textos
comprensibles para niños
llenos de esperanza,
y para ancianos
que la hayan perdido.

KENZABURÔ ÔE

Siguiendo a Ôe, ojalá este libro sea comprensible para ti, porque estés lleno de esperanza o estés en el camino de ir recuperándola.

Y, ojalá, te sea útil y descubras lo verdaderamente **esencial**.

Cuando te adentres en el libro, no te quedes tan solo en su lectura o reflexión del texto que, de una forma acertada o no, ha plasmado este autor; más bien, **salta contigo** y haz que algo cambie en ti, que algo pase, para que todas las esencias que descubras en él las lleves a tu quehacer diario.

Yo lo he hecho... **ahora que lo sé**.
Cada día, enciendo mi **luz**.

¡Adentro!
Busca tu ámbito interior,
el de tu alma.

En vez de decir, pues,
¡adelante! o ¡arriba!
di ¡adentro!

Reconcéntrate para irradiar;
déjate llenar para que reboses.
Luego,
conservando el manantial,
recógete en ti mismo,
para mejor
darte a los demás.

Avanza en las honduras
de tu espíritu
y descubrirás cada día
nuevos horizontes,
tierras vírgenes,
ríos de inmaculada pureza,
cielos antes nunca vistos,
nuevas constelaciones,

Tienes que hacerte universo,
buscándolo dentro de ti.
¡Adentro!

MIGUEL DE UNAMUNO

DIEZ LUCES ESENCIALES

1. MI RELIGIÓN ES EL AMOR.

2. TODO ESTÁ EMPEZANDO CONTINUAMENTE.

3. LA VIDA NO SON DOS DÍAS, ES UNO: HOY.
   LA VIDA ES AHORA.

4. LA MENTE DEBERÍA ESTAR AL SERVICIO DE LA VIDA, Y
   NO LA VIDA AL SERVICIO DE LA MENTE.

5. LA LENTITUD ES LA FORMA MÁS RÁPIDA DE LLEGAR.

6. DEBEMOS RODEARNOS DE LA GENTE QUE NOS ILUMINA
   LA MIRADA CUANDO SE ACERCA A NOSOTROS.

7. LA CIMA DE UNA MONTAÑA ES LA BASE DE LA
   SIGUIENTE.

8. PARA AVANZAR ES NECESARIO EMPEZAR.

9. PENSAR ES IMPORTANTE, NO HACERLO TAMBIÉN.
   PARA CONTEMPLAR NO SE NECESITA PENSAR.

10. TODO LO QUE ESCUCHAMOS ES UNA OPINIÓN.

DOS INVITACIONES: DUDA Y RESTA

No puedo entender que la gente
se asuste de las nuevas ideas.
A mí me asustan las viejas.
JOHN CAGE

Soy una persona
con las dudas muy claras.

Mucho de lo que en mi vida aprendí todavía me es muy válido. Pero otras cosas se me quedaron obsoletas.

La primera invitación:
duda de lo que sabes.

Apaga el hábito de pensar que lo sabes. Exígete a ti mismo comprobar que lo que sabes hoy es útil para ti.

Alvin Toffler nos dijo: «Los analfabetos del siglo XXI no son los que no saben escribir o leer, son los que no aprenden, desaprenden y vuelven a aprender». **El secreto de tu mejora está en lo que ignoras, no en lo que sabes.**

La segunda invitación: **la vida se mejora generalmente aprendiendo a restar, no a sumar.**

Nos enseñaron a sumar, haciéndonos pensar que aquello que suma genera beneficios. Nos enseñaron a tener de todo… y más.

La mentalidad de añadir está muy arraigada en nuestra educación. ¡Error!

Resta.

Avanzar es aprender a quitar. A esto no nos enseñaron. Es difícil elegir lo que hay que eliminar para ir adelante o, simplemente, para estar mejor en el ahora.

Las personas que en mi vida he conocido con mayor éxito, en el terreno profesional o en el personal, han tenido muy claro cuál era su foco esencial y han sabido qué debían quitar para que no se alejasen del mismo. Además, son personas que no gastan su tiempo en aquello que no les aporta valor. No se dejan distraer fácilmente por lo accesorio. No se encadenan a obstáculos que les perjudican frente a sus metas.

Son personas esencialistas. Se quedan con la esencia de las cosas y dejan lo que estorba.

El exceso, en casi todo en la vida, suele ser más perjudicial que la falta de algo. La gente muere más por comer mucho que por comer poco. Aun siendo consciente de que debemos seguir luchando todos porque se erradique el hambre en el mundo, hay más gente que muere de obesidad que de hambre.

De igual manera pasa con el afán de ir acumulando cosas materiales; porque te cargues de muchas no necesariamente te irá mejor.

Es más probable que te perjudique.

«La perfección no se alcanza cuando no hay nada más que añadir, sino cuando ya no queda nada que quitar», citaba Antoine de Saint-Exupéry en *El Principito*.

YO AHORA SÉ.

Y sé que, en mi vida, siempre me fue mejor cuando practiqué la RESTA.

Cuando el «YO» despierta,
las sombras no se van, pero encuentran su luz.
La otra cara de su moneda.
El lado luminoso y resplandeciente de la luna.

Las sombras son necesarias
para poder resurgir,
cual Fénix, de nuestro autoengaño,
para superar las creencias que nos autolimitan,
para ser dueños de nuestra mente ligera,
reconfortada en seguir siendo lo que ya es,
y para poder observarnos y conocernos,
con una mirada limpia,
en nuestro interior.

Con el despertar,
la paz mental
gana la batalla al ego.
La conciencia nos hace sentir más vivos
y nos permite quitar las capas que nos sobran,
dejándonos lo más ESENCIAL.

Primera parte
ENCENDER LA LUZ

Así debería pensar de este mundo fugaz:
cual estrella matutina,
cual burbuja en un río,
cual destello,
en una nube de verano,
cual luz temblorosa,
cual fantasma,
cual sueño.

BUDA, *El Sutra del diamante*

LA PRIMERA LECCIÓN

> Solamente vive quien vive hoy.
>
> **Joachim du Bellay**

> Una persona metió a un ganso en una botella
> cuando el ganso era pequeño. El ganso creció.
> Y ahora, la persona quiere sacar el ganso
> de la botella sin romperla y sin matar al ganso.
> ¿Qué puede hacer?
> (Piensa y propón una idea).

Necesitaríamos tan solo una frase para que quede totalmente expresada la intención de este capítulo:

¡ESTO ES LO QUE HAY!

Por favor, lector, cógete unos minutos y piensa en esta sentencia antes de seguir leyendo.

Para nada se refiere al uso de esa expresión que se dice cuando uno tiene que conformarse con lo que hay en ese momento porque no queda más remedio. ¡No! Nada de conformismo...

Las cosas pasan, nos gusten o no.

Y pasan, ya sea porque las elijamos nosotros e intervengamos en su secuencia o porque la vida nos las tenía preparadas..., pero, sea cual sea su origen, lo verdaderamente necesario es atenderlas sabiendo que en ese momento «¡eso, o esto, es lo que hay!».

La aceptación del momento presente, hayamos llegado a él de la forma que sea, no tiene nada que ver con el hecho de resignarse a lo que está ocurriendo. Aceptar es permitirnos avanzar, cambiar, quitar o añadir, seguir o parar, hacerlo diferente. O mantener. O mejorar.

Se trata de un tipo de aceptación superadora, no pasiva. La pasiva nos llevaría a la resignación, mientras que la superadora nos permite decidir qué hacer con lo que acepto. Aceptar es acoger, incluso lo inaceptable para, si es necesario, rebelarnos contra ello con la mayor eficacia posible.

Con la expresión «¡esto es lo que hay!» simplemente quiero reconocer de forma clara que lo que está ocurriendo está ocurriendo.

Y punto. Ahí estamos. Ahí hemos llegado.

La aceptación no nos marca el camino de lo que debemos hacer o dejar de hacer, no nos asegura lo que debe ocurrir después, pero sí nos conecta, como punto de partida, con lo que queremos hacer para continuar, nos da la comprensión del momento presente, para desde ahí poder seguir.

Nos guste o no, y haya llegado como haya llegado, todo lo que tenemos y somos está aquí, en este momento, es lo único que existe. Es lo que hay.

Por el contrario, detrás de todo sufrimiento siempre estará la no aceptación, de una forma u otra. Si tienes un conflicto contigo o con cualquier otra persona o circunstancia, es porque lo que está pasando no es como a ti te gustaría, no coincide con lo que esperabas.

Y esto es lo que te hace vivir insatisfecho, buscar que la realidad se ajuste a ti, a tu medida, en lugar de aceptar y desde ahí construir, crear, elegir, avanzar.

Comprender lo que significa la aceptación radical y aceptar será un fundamento necesario, primario, para poder acercarte a cualquier otra de las propuestas que te traigo en los siguientes capítulos.

De vez en cuando, cuando lo necesites, repítete el mantra:

¡ESTO ES LO QUE HAY!

Por aquí empieza todo..., por la aceptación radical.

Decía Jung que «lo que aceptas te transforma, lo que niegas te somete». Yo no lo supe hasta una muy avanzada edad. Y así me fue. Sufrí mucho más de lo que tocaba en algunas ocasiones.

Ahora lo sé.
Y así puedo abordar casi todo en mi vida,
de una manera más fácil.

Decían los poetas gnómicos griegos, Fleischer y Lipsiae, en 1817, que «hemos de aprender a vivir como podemos, no como queremos».

Por algo, lo gnómico se refiere a máximas poéticas muy cortas que expresan verdades vitales sobre la existencia y el mundo.

Spinoza nos enseñó que «por realidad y perfección entiendo la misma cosa», referido a que la realidad es perfecta tal como es en cada momento, porque es lo único que existe en realidad, valga la redundancia, necesaria para comprender lo que acabo de escribir.

Trabájate la actitud de no oponerte a lo que está pasando. Abraza lo que ha sido o está siendo en cada momento. Y, eso sí, desde ahí crea, destruye y construye. Cambia y evoluciona. Crece. Avanza.

Esto ahora ya lo sé.

Y me va mucho mejor.

La **aceptación radical** nos ayuda a superar el sufrimiento.

Yo, cuando necesito aceptar lo que en la vida acontece, suelo recordarme tres principios básicos:

1. Todo tendrá un final amoroso. El propósito final será el amor.
2. Todos lo hacemos lo mejor que podemos y sabemos. La vida nos lo ha dejado así, por el motivo que sea.
3. Nadie, ni nada externo a mí, podrá quitarme mi paz interior.

Parece muy naíf, sin embargo, es oro puro, porque es desde estos mantras desde donde puedo edificar el futuro que busco, que deseo, que preciso. Y porque me permite sentirme en armonía conmigo mismo y en compasión con los demás.

Qué pena cuando sufrimos por lo que la vida nos trae y no aceptamos.

Por cierto, una persona metió a un ganso en una botella cuando el ganso era pequeño. El ganso creció. Y ahora, la persona quiere sacar el ganso de la botella sin romperla, y sin matar al ganso. ¿Qué puede hacer?

Respuesta: ¡NADA! ¡ESTO ES LO QUE HAY!

Tan solo **aceptar** que, por haber hecho el ganso en el pasado, el animal se quedará dentro de la botella. Lo que hacemos tiene consecuencias. Aceptarlas es el quid de la cuestión.

ELIJO AMOR INCONDICIONAL

El tiempo pasa,
nos vamos poniendo viejos,
el AMOR no lo reflejo como ayer.
PABLO MILANÉS

All you need is love.
The Beatles

El amor es el plan maestro.
JORGE DREXLER

Ama, el mundo es del que ama,
a corazón abierto,
sin juzgar la vida.
ALBERT SANZ

Si algo necesita este mundo es amor. Amor incondicional. Sí, con este adjetivo acompañándole.

Os decía al principio de este documento que, desde hace algún tiempo, el amor es mi religión. Creo en un mundo donde el amor nos hace más libres.

Esto **ahora ya lo sé**.

Quizá el verdadero éxito que he conseguido en mi vida sea sentirme amado. ¿Te pasa a ti?

Elijo amar porque elijo la Bondad, con mayúscula. Desde el corazón. Y desde ahí la comprensión y compasión, el cariño, la justicia y la equidad, la misericordia, la caridad…

Pero… ¿qué es el amor? ¿Necesita de una definición? Es posiblemente el sentimiento más estudiado, y del que menos entendemos.

Decía Mahatma Gandhi que «donde hay amor, hay vida». Sencillo, a la vez que poderoso.

Esta emoción es la que nutre al bebé que acaba de nacer, la que nos ayuda a crecer, la que nos hace sentir parte de un grupo social, la que nos relaciona con una labor, y con los entretenimientos, la que nos une y nos separa, la que nos orienta por el camino más auténtico…

El amor es una invención, muy útil, de la naturaleza.
El amor se inventó. Serendípicamente, pero se inventó.

Hubo muchos siglos de vida en este planeta sin amor. ¿Os imagináis qué oscuridad vital?

El amor, siguiendo la canción de Jorge Drexler, fue un plan maestro de la naturaleza viva. En la era del Mesoproterozoico dos células visionarias decidieron fusionarse, produciéndose, hace 1.600 millones de años, una primera explosión de intercambio genético que generó una gran diversidad biológica entre las especies, y todo lo que hemos sido, evolutivamente hablando, y ahora somos. Fue el primer acto sexual.

Ahí, en ese primer instante, el amor ya fue incondicional.

El amor, con el adjetivo incondicional, es la energía que nos permite situarnos en el mundo. Para entender lo que es el amor incondicional os dejo una historia budista que creo que lo explica de forma sublime.

Un maestro, cada día, decía a sus discípulos:

«Queridos míos, mis preciados discípulos, nada hay tan hermoso como el amor incondicional. No hay sabiduría más fecunda. Ni práctica más agradecida. No hay saber más sublime, ni brillo más intenso».

Y así, día tras día, semana tras semana, les repetía el mismo rezo.

El maestro insistía para que los alumnos se ejercitasen en la práctica del amor incondicional porque nada hay más transformador que el amor cuando es incondicional.

«Hay muchas clases de amor —decía el maestro—, pero solo el amor incondicional puede ser considerado como sublime».

Los discípulos le escuchaban, pero albergaban dudas de a qué tipo de amor se refería su maestro.

El maestro añadía:

«No olvidéis nunca mis palabras. Ejercitaos en este tipo de amor porque si amáis así estaréis verdaderamente vivos, si no, será como si estuvieseis muertos».

Un día, al amanecer, un discípulo le preguntó al maestro:

«Nos hablas mucho del amor incondicional, pero, maestro, nos dices poco sobre lo que realmente es».

El resto de los discípulos se identificaron con él.

Y el maestro contestó:

«Vaya…, el amor incondicional no requiere de explicación. Pero bien, coged una rosa y seguidme. Daremos un largo paseo hasta una zona desértica».

Una vez llegaron a esa zona, el maestro les indicó que plantasen su rosa, en unas tierras muy áridas, inhóspitas, desertizadas.

Cada uno de ellos así lo hizo.

Y les dijo: «Ahora nos iremos, pero las rosas seguirán exhalando su aroma, aun estando en el peor de los lugares posibles. Así lo harán hasta que se marchiten, mientras tengan vida. Y aunque nadie esté aquí para olerlas, para saborear su aroma».

«Aquí hallaréis la respuesta de lo que es el amor incondicional. No espera a estar en su mejor momento ni en el lugar adecuado. Siempre está presente. Se exhala, en todos los casos y situaciones».

El amor incondicional es el que no pone condiciones. Es genuino. Verdadero.
No se impone. Ni se exige. Es un amor supremo.
Una actitud ante la vida y todos sus acontecimientos.

Como la rosa exhala su aroma espontáneamente en cualquier condición, así debemos amar. Irradiándolo con naturalidad.

Es una energía que fluye siempre. Es inagotable.

Este tipo de amor, incondicional, es una actitud ante la vida, y por lo tanto debe entrenarse, ejercitarse. No surge de la nada si no se trabaja.

Es como un arte, se practica. Como la música, como la pintura. Debe ser fruto del resultado de nuestro crecimiento interior.

Y es así como se convierte en un torrente de benevolencia, de compasión, de perdón, indulgencia, simpatía, cariño, enamoramiento, pasión...

No es posesivo, exigente, ni destinado a un ser único. No discrimina, no excluye...

El amor incondicional es el más sublime. Es el amor que nos lleva a la unidad, nos iguala.

Para entender bien qué significa amor incondicional solo tienes que mirar a los ojos de tu mascota, si tienes. Sus ojos lo dicen todo.

Es el amor en estado puro. No necesita enfocarse en nada en concreto, ni en un objeto, ni en una persona específica.

Es el amor que te abre las alas, que te hace más libre y capaz de abrazar el mundo, el amor con el que se contempla y se comparte la vida con los demás.

Y una cosa más, que no se nos olvide practicar el amor incondicional con la persona más importante del mundo para cada uno de nosotros: uno mismo. El amor infinito también contempla el amor a uno mismo.

El amor infinito no separa. No compara.
Une.
Es el modo de hacer el amor al amor.
Y, con él, todo es posible.

Hermann Hesse lo declaró así: «Siempre gana quien sabe amar».

ENERGÍA VITAL

Creemos que todo es eterno
hasta que deja de serlo.
La vida es un préstamo de tiempo finito.

La felicidad es seguir deseando
lo que uno ya posee.
SAN AGUSTÍN

Un nieto y su abuelo paseaban de la mano por un bosque. Era un niño con muchas inquietudes, y de pronto le preguntó a su abuelo:

—Abuelo, ¿qué es la energía?

—Querido mío —le dijo el abuelo—, ¿ves ese castaño? Ve cerca de él y tráeme del suelo una de las castañas que han caído.

El niño lo hizo. Y el abuelo añadió:

—Ahora quítale la cáscara a la castaña.

—Ya se la he quitado, abuelo —contestó el niño.

—Muy bien, cariño. Abre y coge su fruto —le pidió el abuelo.

—Ya está, abuelo.

—Coge una semilla de su fruto y ábrela.

—Abuelo, ya la he abierto —volvió a contestar el niño.

—Y ahora, querido mío, ¿qué ves dentro?

—Nada, abuelo, nada. No veo nada —respondió el chaval.

—Pues bien, esa **nada**, cariño, es la energía. Hace posible que exista la semilla, el fruto y el resto del árbol.

La energía parecería que no es nada, vacío, algo intangible y, sin embargo, lo es todo.

Esto **ahora lo sé.**

Sé que todo mi ser y mi hacer están al servicio de mi energía, ¿o es al revés?

Desde muy pequeñitos nos intentan convencer de que «debemos» ser felices, aunque no nos enseñan cómo. Nos dicen que el verdadero éxito en la vida consiste en eso, en conseguir ser feliz. Ahí es donde debemos poner nuestro foco principal, nuestra «energía vital». Así nos lo cuentan…

Y luego nos venden la felicidad como si fuera un elixir enfrascado, de líquido altamente edulcorado; de tal forma que parece depender más de lo que somos capaces de conseguir materialmente que del crecimiento personal, interior, de nuestro cuidado espiritual.

Como si la felicidad estuviera fuera de nosotros, cuando, en realidad, ser más o menos felices está relacionado con el modo en que creamos expectativas subjetivas de la realidad en la que vivimos.

Por eso, encontramos mucha gente que tiene mucho y, sin embargo, es muy infeliz, y gente con muy poco, muy feliz.

Y todavía, al menos a mí, se me hace más difícil entender bien qué es esto de ser feliz, si habitamos un mundo en el que hemos confundido ser felices con mostrar una sonrisa falsa dibujada en una red social.

Tampoco felicidad es igual a vivir todo el día alegre, sonriente, dando saltos, vitalista, etcétera, porque esto lo único que conseguirá es frustrarnos, ya que no puede ser sostenible en el tiempo.

La energía vital, la que de verdad importa, tiene otra función principal en nuestra existencia, mucho más sencilla y simple: hacer que nos encontremos bien el mayor tiempo posible.

Conseguir el **bienestar emocional**.

O dicho más vulgarmente, sentirnos a gusto. En calma, en paz con nosotros mismos y con las personas con las que convivimos.

Qué bueno cuando nos damos cuenta de que la vida no es de color de rosa, ni tampoco está pintada en blanco y negro. Es un arcoíris.

La energía vital se verá afectada en sentido negativo, cuando nos dejemos llevar por creencias erróneas adquiridas precisamente por entender de forma inadecuada qué es ser feliz. Sobre todo, si pensamos que seremos felices cuando cambien las circunstancias que nos rodean y así poder alcanzar nuestros deseos o expectativas: una vivienda más espaciosa, tener un hijo que sea un buen estudiante, encontrar la pareja ideal, terminar la carrera universitaria, tener una salud de hierro, viajar por el mundo, vivir en el campo…

¿Es esto lo que nos hace ser felices?

Y, por cierto, ¿cuántas veces cuando ya tenemos lo que tanto ansiábamos no es como esperábamos?

¿Es de ahí, desde las circunstancias externas, desde donde tenemos que esperar que se active nuestra energía vital, eso que solemos llamar felicidad?

Según la doctora Sonja Lyubomirsky, un gran referente en investigaciones sobre la felicidad, las circunstancias que nos rodean no tienen tanta importancia como fuente de energía vital. Según sus estudios, todos tenemos **el poder interno** de mejorar el cómo nos sentimos a pesar de las circunstancias externas y de todo aquello que nos esté pasando en cualquier momento.

Según esta doctora tan solo necesitaremos aplicar tres preceptos:

1. Aprender a interpretar de una forma diferente la realidad.
2. Utilizar un lenguaje interior positivo y generador de cambio.
3. Llevar a cabo un plan de nuevas acciones muy concretas.

No voy a entrar en detalle en estas «herramientas para la mente» que propone la doctora. Ya dediqué un libro a ello, *Cómo entrenar la mente*, en el que explicaba cómo nos pueden ayudar en nuestra propia conducta y gestión de nuestra mente, y cómo hacer uso de ellas.

Para ser más feliz, y vivir con una energía vital poderosa, no necesitamos cambiar las circunstancias que nos rodean. Lo que necesitamos es cambiar la forma en la que nos entendemos con esas circunstancias. Y, desde ahí, si es necesario, cambiarlas.

Ambicionar una vida mejor es muy legítimo y factible, pero no basemos la energía en ello. Más bien al contrario, utilicemos la energía interna para ponerla al servicio de hacer cosas diferentes, y así quizá podamos conseguir nuestros deseos, sueños, propósitos y ambiciones. Siempre que lo hagamos dentro de lo que deberíamos llamar un «margen conseguible», es decir, que las expectativas sean correctas, no estén fuera de nuestros límites potenciales.

En mi opinión, el ingrediente fundamental de la energía vital, sin ninguna duda es **LA ESPERANZA.**

Aristóteles decía que «tener esperanza es soñar despiertos».

Y Heráclito se atrevió a afirmar que «podemos vivir un mes sin comida, tres días sin agua, siete minutos sin aire, pero solo unos pocos segundos sin esperanza».

La esperanza es una virtud, por lo tanto, algo vital.

Nada que ver con el mero optimismo, sin más, el optimismo vacío que no considera la realidad en la que se está viviendo, ni tampoco tiene mucho que ver con el empeño, y obligación, de estar poseídos por una visión positiva, no justificada y a ultranza de lo que nos sucede. La esperanza no es algo temperamental, sino vital, la actitud positiva sí es algo que tiene que ver con el temperamento individual.

No debemos confundir la esperanza con las expectativas. Me quedo con la primera.

Las expectativas, a veces, son simples espejismos que se basan en una meta. Cuando se acercan a la realidad nos encontramos bien, cuando se alejan de lo esperado nos generan frustración.

La esperanza, sin embargo, tiene mucho más que ver con poner la energía necesaria para que las cosas que deseamos que pasen ocurran.

Las expectativas tienden a predecir el futuro.

La esperanza, más bien, nos ayuda, desde el presente, a entender el futuro con una óptica razonablemente favorable a nosotros.

La esperanza es, además, la fuerza que neutraliza el fatalismo.

Tener esperanza nos hace más fuertes y nos genera una visión optimista saludable. De esto hablaremos más adelante en otro capítulo.

La esperanza, a diferencia de la expectativa, nos permite entender mentalmente, siendo compasivos con nosotros mismos, que lo esperado puede que ocurra o que no ocurra. Estamos esperanzados de que salga como esperamos, pero puede que no sea así. Y, desde la esperanza, ante un incumplimiento de lo esperado, en vez de sentirnos frustrados, lo que se nos genera es aceptación.

Y, la aceptación, (**¡esto es lo que hay!**) nos lleva a poder vivirlo con paz y tranquilidad. Y también nos vuelve a renovar la **energía vital** necesaria para de nuevo ponernos en movimiento, para seguir luchando por nuestros deseos y objetivos.

> La esperanza produce energía vital.
> La expectativa consume energía vital.

Ambas son necesarias, pero funcionan en planos diferentes.

Como reflexión añadiría que no podremos librarnos de tener expectativas sobre cualquier tipo de deseo en nuestra vida, y que, por ello, deberemos aprender a alimentarlas de esperanza.

De la esperanza que nos conecta con saber que cuando llegue el resultado final del suceso, sea bueno o malo, cercano o lejano de lo esperado, lo vamos a vivir aceptándolo, a pesar de cualquier condicionante que intervenga, sea del tipo que sea.

Quizá esta es la clave para entender la esperanza. Yo lo he descubierto con el tiempo.

Pasé demasiados años de mi vida centrado más en expectativas, e intentar que se cumpliesen la mayor parte de ellas, que en vivir esperanzado. Ahora, sigo teniendo expectativas, pero me relaciono de una manera diferente con ellas.

No me atrapan.

No me hacen sentirme esclavo de las mismas.

Y si se cumplen, las celebro y aprovecho.

Y si no, lo acepto, y cambio de ruta si es necesario, o añado recursos nuevos, o aprendo y crezco, y decido si seguir o no seguir en ese camino.

Y me puedo desilusionar temporalmente, soy humano 😃, pero no me descontrolo, no me hago daño emocional, no me frustro, no me maldigo, no culpo a terceros, ni a las circunstancias que me rodean.

AHORA LO SÉ.

Ahora sé que las expectativas, si no las manejo adecuadamente, si les permito que se apoderen de mí, afectarán a mi **energía vital**, y como consecuencia a numerosos aspectos de mi vida, impidiendo que me conecte con mi **bienestar emocional**, el necesario para vivir con una cierta paz interior, calma, serenidad.

Por eso prefiero poner mi energía al servicio de la esperanza, con la tranquilidad mental de que las cosas van a llegar a su lugar adecuado; eso sí, a veces será el lugar esperado y otras no.

Según el yoga, la energía vital es el *prana*, manifestación de la consciencia universal que anima a la materia, que da soporte a la vida.

Y la *kundalini* es la energía divina de nuestro cuerpo.

¿Por qué no despertar ambas?

Practicar ejercicios para ello ayuda a tener una vida más sana.

No es el cometido de este libro ofrecértelos, pero sí recomendarte que los busques y te actives con ellos.

Ahora lo sé.
Y los practico...

HEDONISMO

Camina despacio, sin prisa.
Cada paso te trae el mejor momento de tu vida:
el momento presente.

Etimológicamente, el término «hedonismo» proviene del griego, de la expresión *«hedonismos»*, que está formada por las palabras *«hedone»*, que significa placer, y el sufijo *«-ismos»* que puede definirse como cualidad o doctrina; cualidad para vivir del placer.

El hedonismo es una filosofía cuya doctrina tiene una finalidad última: la búsqueda del placer y la huida del dolor, del sufrimiento.

La RAE lo define con una doble acepción: «placer como fin de vida» y «actitud de búsqueda de placer».

Tiene su origen en las escuelas de la Antigua Grecia, especialmente en la escuela cirenaica y la escuela epicúrea.

La escuela cirenaica, que fue creada por Aristipo de Cirene, en el siglo IV antes de Cristo, defendía que no hay bien superior mayor que el placer, especialmente el placer que se centra en el cuerpo.

Y, por otro lado, la escuela epicúrea, fundada por Epicuro de Samos, establecía que la meta final de cualquier ser humano debería ser la supresión del dolor y la búsqueda del placer al que llamaba, quizá de una manera confusa, felicidad.

Y aquí fue donde empezó todo; se conceptualizó **la felicidad**, ese valor vital tan preciado, como la búsqueda de placer y la buena gestión del sufrimiento. Algo que no estaría nada mal si a través de la historia, el paso del tiempo, no se hubiese confundido «placer» con «tener», en un sentido hedónico equivocado.

Hemos sido educados para pasar nuestra vida intentando ser felices, pero educados desde una perspectiva hedonística confusa, desde el tener como sentido vital para ser felices.

Además, vivimos bajo el yugo de las creencias erróneas que nos han inculcado a través de la historia; falsas creencias que han permanecido en nuestro entorno occidental a lo largo de los tiempos, mantenidas en la educación, generalmente religiosa, creencias basadas en el sacrificio como meta y sostén de estas, evitando lo que es más importante a la hora de hablar de felicidad: el disfrute. Con lo cual, la historia tampoco nos ha permitido fácilmente evitar el dolor en sentido de sufrimiento. Somos seres sufrientes. Ser feliz quizá tenga más que ver con aprender a comulgar con lo que estamos viviendo en cada instante, con saber vivir en el presente, con el crecimiento personal, el mejor placer que podemos obtener, que con el placer material.

La verdadera FELICIDAD HEDÓNICA podríamos conseguirla aprendiendo a estar centrados en lo que estamos, vivir cada instante tal cual, sacando el mayor placer de este.

Aprender a disfrutar de las actividades placenteras en el corto plazo, las instantáneas, y cotidianas, sin pretender mucho más, sin tanta expectativa. Por ejemplo, relajarse en el sofá de casa sin hacer nada, disfrutar de una comida deliciosa, beber una copa de vino frío en verano, mirar la puesta de sol al atardecer, sentir las olas del mar sobre nuestras piernas, o las gotas de agua en una ducha caliente...

Esto es felicidad hedónica, la mejor forma de conectarnos conscientemente con la realidad de ser felices.

Llevo defendiendo esta forma de entender la felicidad desde hace muchos años, ya desde los primeros posts, que escribía en los albores de mi primer blog www.fernandobotella.com. También dediqué parte de mi libro *Atrévete*.

¿Qué cambiaría en nuestra vida si entendiésemos la esencia hedónica del placer, no como la búsqueda de la felicidad a largo plazo, sino como el disfrute de todo aquello en lo que estamos en cada momento, en lo cotidiano?

Yo creo que seríamos más *disfrutones*, palabra no aceptada por la RAE, pero que todos entendemos de maravilla.

Ahora bien, eso no significa que no tengamos la obligación personal y necesaria de marcarnos metas también a largo plazo.

Son dos cosas que viven paralelas: vivir el instante presente, a la vez que saber crear conexiones con sentido ideado y deseado de futuro. Eso sí, con mucha esperanza, y sin dar tanto valor a las expectativas, tal como ya hemos visto.

Todo el mundo se fija algún tipo de objetivo a largo plazo, tales como ponerse en buena forma física, aprender un idioma, tener una familia estable, encontrar la pareja de tu vida, conseguir sacar la nota que se necesita para entrar en la carrera que se desea, y así, un largo etcétera de acontecimientos esperados.

Investigaciones científicas, psicológicas y sociológicas con diferentes metodologías han demostrado que si conseguimos alcanzar los objetivos marcados a largo plazo tendremos una vida más efectiva, de mayor éxito.

¡Quizá sea así!

La opinión predominante entre los investigadores, en diferentes ramas de las ciencias, es que **el autocontrol** nos ayuda a gestionar los objetivos a largo plazo **y a saber, al unísono,** aprovechar y disfrutar del placer momentáneo de lo cotidiano, pudiendo vivir ambas situaciones a la vez.

Y parece ser que, si una persona es eficiente en su capacidad de autocontrol en el corto y largo plazo, de forma equilibrada en estos dos entornos temporales, generalmente esto la llevará a disponer de una vida más feliz y exitosa. A vivir con un elevado grado de bienestar emocional.

Sin restarle importancia y valor a la planificación de objetivos a largo plazo y la búsqueda del placer en la lejanía, el llamado «factor hedónico» nos enseña a conseguir ser capaces de sentir placer a corto plazo, en el momento, en cada instante, siendo conscientes de lo que en cada situación estamos viviendo. Esta doctrina entendida así cada vez tiene más adeptos. Y conecta también muy bien con nuevas formas de entendernos con la realidad en la que habitamos, y con prácticas muy de moda, tales como el *mindfulness*.

Katharina Bernecker, investigadora de psicología motivacional de la Universidad de Zúrich, ha declarado que «Por supuesto que el autocontrol es importante y su relación con los objetivos a largo plazo, pero si verdaderamente queremos ser felices, deberíamos prestar la misma atención a la autorregulación a corto plazo.

»Es así como deberíamos comprender el hedonismo, tal como se entendía en la Antigua Grecia, orientado al placer que obtenemos de lo que está ocurriendo en el momento inmediato, de forma consciente. Es esto lo que debería hacernos sentir bien, es ahí donde reside la felicidad».

¡Sabio!

Yo **ahora lo sé**.

Y me pongo a ello, cada vez con más consciencia y dedicación, practicando la atención plena y también queriendo la mayor parte de las veces sentir el disfrute de lo que estoy viviendo, de lo cotidiano.

Nuevas investigaciones demuestran que la capacidad de las personas en experimentar placer o goce **a corto plazo contribuye a una vida feliz** y satisfactoria, tanto o más como el éxito en el autocontrol, la planificación y la perseverancia aplicada a objetivos a largo plazo.

Bernecker y su colega Daniela Becker, de la Universidad de Radboud, fueron capaces de elaborar un cuestionario con el que se pudiese medir la capacidad de concentración de las personas encuestadas, de concentración en actividades inmediatas. Este cuestionario era capaz de medir también el nivel de disfrute sobre las actividades que se estaban realizando en ese momento. Las investigadoras descubrieron que la mayor parte de las personas que participaban en estas encuestas se distraían con pensamientos intrusivos basados en ideas que tenían sobre hechos o expectativas a largo plazo; y que además esas distracciones se repetían de forma secuencial varias veces, en cuestión de pocos segundos, sin conseguir, en la mayor parte de todos los investigados, momentos de relajación o de disfrute con lo que en ese instante tenían entre manos. Parece, según este estudio llevado a cabo en miles de personas, que las tareas pendientes y de largo plazo, y las expectativas de hechos también pendientes, ocupaban mucho más espacio mental que aquellas tareas que estaban llevando a cabo en ese mismo instante. Vamos, lo que siempre se ha dicho, que no solemos estar en lo que estamos.

«Cuando se está acostado en el sofá se suele seguir pensando en el deporte que no se está haciendo en ese momento o que se piensa hacer en un momento posterior —explica Becker, como ejemplo, en declaraciones citadas por *Neuroscience News*. Y añade—: esos pensamientos sobre objetivos conflictivos a largo plazo socavan la necesidad inmediata de relajarse y de vivir el presente».

Por otra parte, se ha descubierto que las personas que pueden disfrutar plenamente de esas situaciones presentes tienden a tener una mayor sensación de bienestar mental y físico. Y ese bienestar no solo es a corto plazo, sino que estas personas, hedónicas por naturaleza, son menos propensas a sufrir depresión y ansiedad, entre otras enfermedades, no solo mentales, a largo plazo. También son capaces de vivir con un mayor grado de sentido del presente, aprovechando y sacando partido mucho mejor de cada instante.

Quizá a esto se le pueda llamar felicidad.

Yo me quedo con esto de saber vivir con un equilibrio adecuado entre sentido de futuro y presente… ¿Y tú?

Me interesan las metas a largo plazo, pero también sentir y disfrutar el placer en lo cotidiano; me hace más feliz vivir el momento en el que estoy.

AHORA LO SÉ.

Me pasé mucho tiempo de mi vida viviendo en el futuro.

Sin estar presente en el presente.

Cuánto me he perdido por no saber aprovechar el presente, sin disfrutar de lo que me estaba ocurriendo en ciertos instantes de mi vida.

Por suerte, ahora que tengo más de seis décadas de vida a mi espalda, ya no es así.

«¿De qué nos sirve ganar el mundo si nos perdemos la vida?», nos dice el versículo de Mateo 16, 26 en el Nuevo Testamento. Fíjate qué antiguo es ya…

Compara mentalmente el sentimiento que tienes cuando recibes de alguien un elogio, cuando te sientes aprobado por otros, aceptado o aplaudido, con el sentimiento que te brota cuando ves una puesta de sol, cuando lees un libro que te tiene pillado, o con el movimiento del agua en un río en plena naturaleza.

¿Cuál de los dos sentimientos te hace sentir mejor?

Quizá pienses que los dos casos te impactan por igual. O, si eres sincero, con la verdad en la mano, te reporte más satisfacción el primer tipo de sentimiento, el del elogio, aun siendo un sentimiento mundano, basado en el superego. Los sentimientos mundanos de este tipo también son hedónicos, también cortoplacistas, pero en este caso poco eficientes en lo que al bienestar o felicidad se refiere. Mucho menos que los sentimientos auténticos que experimentamos con el placer de vivir el presente cuando este nos tiene atrapados en la realidad cotidiana.

El sentido de lo cotidiano es único.
Es felicidad en estado puro.

No lo confundamos. Hedonismo desde el ego se convierte en placer instantáneo pero mundano. Hedonismo desde el disfrute del presente es satisfacción o bienestar emocional saludable.

Esta parábola me parece muy acertada para explicarlo: un autobús cargado de turistas atraviesa una hermosa región natural, llena de montañas escarpadas, verdes, de lagos de agua limpia, de ríos y praderas. Pero el autobús tiene las cortinas echadas, no se ve nada del exterior, todo el mundo se lo pierde. Mientras tanto, todos los turistas que hay dentro del bus se pasan el tiempo discutiendo entre ellos sobre qué asiento del autobús le corresponde a cada uno ocupar. O sobre a quién hay que aplaudir, vanagloriar, destacar...

Durante todo ese tiempo, no tienen ni idea de lo que se están perdiendo al otro lado de la cortina.

Y siguen así hasta el final del viaje o hasta un tramo casi ya al final de viaje; momento en el que algunos de ellos, no todos, se dan cuenta de lo que se estaban perdiendo, de lo que no han aprovechado mientras viajaban, y mientras se pasaban el viaje (la vida) discutiendo por dónde sentarse en el autobús.

Esto mismo hacemos con nuestra vida.

Y, cuando nos damos cuenta, ya es muy tarde, si es que nos damos cuenta.

Yo, ahora, esto **lo sé**.

No te pierdas la vida por estar viviéndola bajo una actitud hedónica equivocada, yoísta, ególatra, egocéntrica, esperando tan solo resultados a largo plazo, en el final del viaje, producto de tus expectativas.

Disfruta del camino, porque, si no, lo que te pierdes es la vida.

Creo que el mejor resumen para este capítulo sería entender y aprender que la clave para tener **una buena vida** está en el placer de lo cotidiano, a la vez que ser capaces de tener metas a largo plazo y luchar por ellas. Mantener el equilibrio. Y, a la vez, y hablando de lo mundano, no confundir hedonismo con consumismo, con una vida llena de expectativas exacerbadas, o con los subproductos de nuestro ego.

Y es que, quizá, no entendimos bien a Epicuro.

En un delicioso ensayo escrito por Catherine Wilson, *How to Be an Epicurean. The Ancient Art of Living Well* (en castellano, *Cómo ser un epicúreo. Una filosofía para la vida moderna*), nos muestra cómo el placer es fundamental para vivir una buena vida. Pero no el placer como un simulacro artificial y superficial, o eminentemente consumista, con el que solemos conformarnos cada día; sino un placer mucho más sencillo, ligado a lo natural que la vida nos comporta, a las vivencias cotidianas, a la calidez de nuestras relaciones, al disfrute de lo sensorial, a la recompensa del trabajo creativo, a los sentimientos por la naturaleza, por lo vivo, a la destreza manual, al autocuidado, al sexo sin prisa y consciente, entre tantas otras ideas y posibilidades.

El placer genuino es el que se vive desde dentro hacia fuera, el que rehúye modas, tendencias, estándares culturales. Sabiendo, además, que vincular placer, en el sentido de disfrute por la vida, bienestar emocional y éxito es un error. Aunque, a veces, coincidan.

AHORA LO SÉ.

ALEGRÍA

El sentido mientras bailas
no es esperar que el baile termine,
es simplemente bailar.
El sentido de la vida no es el destino final,
es sencillamente VIVIR.

Sensación vital agradable que nos hace estar bien momentáneamente, estar contentos, sonreír, con buen humor, con ganas de pasarlo bien.

Proviene del latín «*alecris*», referido a lo vivo y animado. Es decir, si seguimos el rastro a su etimología, cuando no estás alegre no estás vivo porque no eres un ser animado.

Yo lo descubrí tarde…

Sí, descubrí tarde lo importante que es estar alegre ante la vida, sin más.

Comprendí tarde que la energía más poderosa de la vida pasa sí o sí por la alegría. Y que la sensación de alegría es, quizá, mucho más importante que la propia felicidad, y que o viajan las dos juntas o ninguna de las dos viaja.

Estar alegres nos ayuda a tener mejor opinión de nosotros mismos, de nuestros actos, aumenta la sana autoestima, y nos predispone de la mejor forma posible para enfrentarnos a cualquier situación, ya sea beneficiosa o problemática. Nos da fortaleza.

La **alegría por la vida**, sin más apelativos,
debería ser el más importante de nuestros valores.

Curiosamente, la alegría suele ser la emoción que se produce cuando se consigue un logro. Y también es la emoción necesaria para que el logro se consiga porque está cargada de entusiasmo, de ilusión, de energía positiva, de orientación al resultado, de una perspectiva optimista inteligente, equilibradora y realista.

La alegría predispone a la acción creativa y constructiva. Es decir, es necesaria para tener ideas y para llevarlas a la acción.

Hay que buscar la alegría, no esperar que llegue.

Con la sensación positiva que nos produce la alegría, la frecuencia cardiaca disminuye considerablemente, dependiendo del evento en el que estemos inmersos. Pasa igual con la presión sanguínea. También se modifica la actividad electrodérmica de la piel.

Incluso los esfínteres se relajan y, en ciertas ocasiones, se pueden producir escapes de orina, o derramar lágrimas incontroladas, cambiar el tono de la voz o elevarse los párpados. Toda una serie de manifestaciones físicas incontrolables. Es el poder que la alegría tiene sobre nuestro cuerpo.

Por otra parte, cuando nos enfrentamos contentos, alegres, ante una determinada actividad, la capacidad de ofrecer nuestra mejor versión aumenta considerablemente. Y también aumenta la probabilidad de que repitamos esa misma actividad en un futuro no lejano, con todavía mayor éxito. La alegría es uno de los factores involucrados en la perseverancia para lograr metas a largo plazo.

Añade a esto el torrente de hormonas que fluye por nuestro organismo cuando estamos alegres. Se libera gran cantidad de endorfinas que viajan desde la médula espinal hasta el torrente sanguíneo. La cantidad molar de serotonina y oxitocina aumenta desproporcionadamente, a la vez que disminuye el cortisol en sangre, la hormona del estrés. En otro capítulo más adelante, hablaremos en detalle de estas hormonas.

También mejora la función de nuestro sistema endocrino e inmunológico, así como la calidad y cantidad de sueño.

Pero, sobre todo, lo que nos permite la alegría por encima de cualquier otra cualidad (en mi opinión lo más importante) es ver **el lado bueno de las cosas**. Y recibirlas con una mayor aceptación y posibilidades de cambio.

Por supuesto, no nos estamos refiriendo, en ningún caso, a ese tipo de alegría simulada, hilarante o jocosa que no es fuente de energía y que no puede ser considerada, en sentido estricto, como una emoción alegre. Por ejemplo, estar alegre porque a alguien le haya ido mal no es el tipo de «alegría» a la que nos estamos refiriendo. Este tipo de alegría es calificada, en psicología, de «maligna» y sus consecuencias son nefastas para la relación con uno mismo y con los demás. La malevolencia no es motivo de alegría nunca.

La alegría es fundamental para poder adaptarnos, para socializarnos; actúa como energía automotivacional y generadora de motivación contagiosa en otros. También es el factor provocador por excelencia de bienestar psicológico.

> La alegría no es solo una emoción principal,
> sino también un valor ante la vida.

La alegría tiene una **función adaptativa** porque acerca la persona al suceso que ocasiona la propia alegría, permitiéndole al individuo disfrutarlo. Genera atractividad por el hecho que provoca la emoción. A diferencia de otras emociones que nos predisponen para alejarnos de lo que las provoca, por ejemplo, el miedo.

Cumple también con una **función social** porque la alegría aumenta la empatía, así como la interacción entre personas y la realización de actividades altruistas, creando un ambiente favorable.

La alegría genera una **función motivacional**, con uno mismo y de forma contagiosa con los demás, ya que aumenta el optimismo realista, saludable. Muchos estudios científicos han demostrado que estar alegres mejora la productividad. Mejora el desempeño, bien sea ante una actividad social o laboral. Esto deberían saberlo los líderes empresariales y los departamentos de RR. HH., les aportaría valor productivo.

La alegría tiene una **función psicológica**, porque reduce el estrés negativo, el distrés. Por el contrario, favorece la risa. Mejora la autoestima, porque estar alegres nos permite tener una mejor, y más realista, valoración de nosotros mismos.

La alegría nos produce sensación de estado placentero, de plenitud.

Por momentos, la alegría nos libera de cargas mentales innecesarias, nos fortalece ante la inseguridad, nos hace volar la imaginación, inventar cosas nuevas, arriesgarnos con sentido, ser más atractivos ante la gente, disuelve rencores y resentimientos, permite olvidar las penas, aunque sea temporalmente, minimiza las adversidades o, al menos, hace que las vivamos de otra forma.

¿Y, conociendo todo esto, no quieres hacer todo lo posible para que tu vida se mueva bajo el paraguas de esta emoción? ¡Yo sí!

Ahora lo sé.

Ojo, un dato importante es que, si sabemos convivir con alegría, si aprendemos a provocarla en los demás, si entrenamos para disponer de una vida en modo alegre, no significa que no debamos aceptar y saber convivir de igual forma con la tristeza, el otro lado de la luna, cuando sea necesario, ya que la tristeza también tiene su lado bueno, necesario, motor de cambio, inspirador y creativo.

La alegría nos sirve para curarnos, y no me refiero a enfermedades físicas o mentales, a lo que también aporta un valor inigualable, sino a la cura que tiene que ver con el sentir, con la propiocepción de uno mismo.

Khalil Gibran, en *El Profeta*, nos lo cuenta poética y magistralmente:

Si pudierais mantener vuestro corazón maravillado y alegre ante los diarios milagros de la vida, vuestro dolor no os parecería tan prodigioso.

Mucho de vuestro dolor es elegido por vosotros mismos.

La alegría es la poción mágica con la que el médico que hay dentro de vosotros cura vuestro ser enfermo.

Por tanto, confiad en el médico y bebed el remedio en silencio y tranquilidad, porque su mano, aunque a veces sea dura y pesada, guiada está por la tierna mano del invisible, y de la alegría.

Si quieres practicar la alegría, me atrevo a recomendarte que:

1. Aprendas a disfrutar de las cosas «pequeñas» y cotidianas. Ya lo comentábamos en el capítulo anterior, al hablar del hedonismo.

2. Mantén la mente en calma, serena, que no es lo mismo que sin acción o movimiento. Busca el equilibrio y la paz mental. Practica la meditación.
3. Averigua qué deseas, qué te motiva y lucha por ello.
4. Vive en el aquí. Saber estar en el presente es fuente de energía alegre.
5. Habla. Hablar te hace sentir bien, alegre. Cuenta, comunica, expresa.
6. Pasa tiempo con la familia, los amigos, la gente que más quieres. No le robes tiempo a lo que es lo más importante, la gente que te importa.
7. Escúchate. Mira cómo te hablas. Cuida tu diálogo interior. Entrena la mente para que ese diálogo sea productivo.
8. Elige de qué personas te rodeas. No, no todo el mundo debe estar cerca de ti, o tú cerca de ellos. Los optimistas saludables, gente con positividad inteligente y realista, suelen ser generadores de alegría.
9. Busca la armonía vital: trabajo-familia-amigos-yo.
10. Acepta la realidad y afróntala con la mejor de tus armas en cada caso. Y cambia lo que tengas que cambiar desde la aceptación. No te resignes.
11. Contagia alegría a los demás, y déjate contagiar.
12. Practica actividades físicas y mentales, únelas como si solo fuera una forma de vida. Y llévatelo al deporte, a los paseos, al sexo, a la meditación, a los momentos de relax.
13. No dejes de aprender jamás. Lee. Escucha música. Participa en tertulias. Ve al cine o al teatro.
14. Evita los productos tóxicos.
15. Siéntete bien contigo mismo.

No siempre practiqué todo esto. Ahora lo hago con regularidad.

Ahora sí, ahora lo sé.

Todo esto me ayuda. Me hace estar, sentir y ser más alegre.

EL SENTIDO DE FUTURO

El presente,
habita entre el deseo y la nostalgia.

Que llegues a ser quien ya eres.
PÍNDALO

Y lo actual es actual
solo por un tiempo.
T. S. ELIOT

La mejor forma de encontrar sentido al futuro quizá sea encontrarnos con el presente, al que, a veces, tenemos perdido.

El futuro no existe, es una creación de la mente.

Muy evidente, pero lo obviamos, y nos pasamos más tiempo en él de lo que deberíamos. Al menos, así lo vivo yo, en mi propia experiencia.

Cuenta una historia que un maestro zen y un discípulo, con deseos de aprender los secretos de la vida, emprendieron un viaje sin rumbo definido. Pasaron los días y estando de viaje, con cansancio acumulado, a lo lejos divisaron una casa. Allí se dirigieron, con el fin de solicitar refugio y comida. Pronto comprobaron que los habitantes de aquella humilde casa contaban con muy pocos recursos. Las paredes de la casa apenas se mantenían de pie, y los campos de su alrededor estaban desiertos.

Aun así, el maestro y el discípulo pidieron ayuda a la familia que allí vivía. La familia, muy hogareña, les recibió con los brazos abiertos, advirtiéndoles que eran muy pobres, pero que les dejarían un lugar en el que dormir, el mejor de los abrigos para el frío y que compartirían su cena.

Cuando todos estaban en la mesa, el maestro preguntó de qué vivían. Ellos respondieron que tenían una vaca, que les daba leche. Que con eso hacían quesos y mantequilla, vendían todo en el mercado de la aldea, y así conseguían vivir. El maestro observó y guardó silencio.

Luego, agradeciendo la amabilidad de la humilde familia, les dijo que, al día siguiente, él y su discípulo se irían muy temprano de la casa. Se retiraron a dormir. Y al alba, maestro y alumno se levantaron para proseguir su viaje.

Tan pronto salieron de la casa, el maestro le dijo a su discípulo que ya era hora de aprender una magnífica lección. Y le pidió que fuera hasta el establo, cogiese la vaca y la llevara con ellos.

El alumno dudó. No entendía nada. ¿Cómo era posible que el maestro quisiese hacer daño a aquella familia? ¿Cómo podía el maestro pedir hacer algo semejante? ¿Cómo podían robarle la vaca a esta humilde familia? El discípulo no comprendía nada.

Sin embargo, como era su costumbre, obedeció al maestro.

Los dos partieron con la vaca. Y unos kilómetros después, el maestro le pidió al discípulo que la abandonasen en un prado en el que la vaca pudiese alimentarse sin problemas y vivir bien.

Maestro y discípulo recorrieron después de aquel día muchos lugares.

El joven aprendió muchas lecciones de su maestro, hasta que volvieron al monasterio del que habían partido.

Fue entonces cuando el joven empezó a atormentarse mentalmente pensando qué sería de aquella familia a la que habían robado la vaca. Les habían despojado de su sustento.

Años después, el discípulo, ya convertido en maestro, quería pedir perdón a la familia que los acogió. No podía quedarse sin hacer nada por aquello que pasó, porque no podía vivir con ese sentimiento de culpa; sería una carga para él para siempre.

Salió en busca de la casa, de aquella familia. Al llegar, vio que en lugar de la casa miserable que había conocido había una nueva y hermosa casa, y que la familia ahora era muy rica, que los campos eran verdes, fértiles, frondosos y llenos de frutos.

Con respeto y sigilo tocó a la puerta. Sus anfitriones le abrieron, mostrando una cara de felicidad y cierta sonrisa. Estaban muy contentos de volverle a ver, años después. Todo les había ido muy bien.

Y le contaron al nuevo maestro que la vaca había desaparecido, justo después de que ellos se fueran. Que lo aceptaron muy bien; y entendieron lo que el destino pretendía indicarles: necesitaban poner-se en movimiento, cambiar, hacer cosas diferentes, sembrar y trabajar los campos.

La esposa, tras ese suceso, empezó a tejer, hasta el punto de que había montado una pequeña fábrica de tejidos, y había empezado a relacionarse con los comerciantes locales y con todos los vecinos, haciendo buen negocio con las prendas que tejía.

Habían progresado, según ellos mismos comentaban.

En ese momento, el joven maestro entendió la enseñanza que su mentor zen le había dejado, y la moraleja de aquella lección: cuando creemos que ya tenemos todo lo que necesitamos, cuando caemos en un estado de conformismo anestesiado, sin plantearnos nuevas metas, sin perseguir mejoras posibles para el futuro, nos estancamos y no nos planteamos un posible futuro mejor.

Pasa igual con nuestro modo de aprender y de relacionarnos con el conocimiento y con las experiencias que hemos adquirido. Si pen-samos que algo ya lo sabemos, dejamos de revisarlo, reestudiarlo, perdemos «la mente de discípulo». Y, a partir de ese momento, es cuando dejamos de crecer, de avanzar.

No hay nada más peligroso para relacionarnos con el futuro que la complacencia.

> No hay causa de fracaso mayor
> que el éxito de lo conseguido.

Si no ampliamos nuestra zona de comodidad, de costumbre, no nos enfrentamos a nuevos retos. Y no seremos conscientes que aque-llo que tenemos y disfrutamos en realidad lo podemos perder en segundos.

Y entonces ¿qué...?

Debemos estar preparados para tener un futuro diferente.

Ahora bien, eso requiere de decidir y actuar en el presente. Es en el presente donde tenemos que poner el foco real de cambio y transformación para poder conectarnos con el futuro deseable.

Pero ojo, no creamos que podremos planificar la vida.

Warning!

Recuerda la pasada pandemia de COVID-19.

¿Realmente tenemos todo bajo control?

¿Se esperaba esta pandemia? ¿Cómo de planificado estaba que un ínfimo trocito de ARN nos hiciese el daño que nos hizo?

Debemos tener una planificación para la vida, pero no lo confundamos con creer que podemos, gracias a esa planificación, tenerlo todo bajo control.

Confundir planificación con control es, en mi opinión, un enorme error. Cualquier elemento inesperado nos puede interrumpir o arrebatar la capacidad de anticiparnos al futuro. Y es mejor saberlo, tenerlo en cuenta, porque es esto lo bonito de estar vivo, aprender a navegar en la incertidumbre. Movernos en ella como pez en el agua.

La consciencia de que podemos planificar la vida está unida al sentido mental de futuro, pero es una irrealidad creada por nuestra mente.

Por lo tanto, el sentido de futuro toma más relevancia cuando, sin abandonar los deseos legítimos y planificarlos adecuadamente, aprendemos a vivir en el presente, a concentrarnos en el mismo, a poner nuestra mayor energía en lo que estamos haciendo en cada situación, en lo inmediato, en hacer uso de nuestros mejores recursos para el bienestar físico, social y mental en el aquí, en el ahora.

Vieja lección que todos sabemos, pero que, en pocas ocasiones, ponemos en práctica de verdad. Ya hablamos de ello en el capítulo anterior.

> Estar bien, en cada instante, debería convertirse en una prioridad vital, en una necesidad que hay que entrenar en nuestro día a día.

Y así, algunos de nuestros deseos más humanos, principalmente el deseo de bienestar físico y mental, sostenido desde el hoy hasta el final de nuestras vidas, eso a lo que llamamos plenitud de vida, estaría más centrado en la agenda del hoy, y no en la planificada o prevista para el mañana.

Y mucho mejor estar bien que desear estar bien.

Esto **ahora lo sé**.

Toca aprender a vivir sabiendo que la felicidad no es un lugar al que debemos llegar, sino una manera de hacer el viaje.

Esto haría que el mundo fuera un poco mejor, porque ya no necesitaríamos luchar contra todos, y todo el tiempo, para tener que ganar, para ver si eres mejor que otros, o si eres mejor que antes, o si deberías ser mejor mucho después...

Comprenderíamos que no estamos aquí solo para consumir, ni para competir, sino más bien para compartir y colaborar, para vivir en presente, para disfrutar cada instante.

No sé ahora, con este libro en tus manos, en qué situación de tu vida te encuentras, pero recuerda que es este momento, y solo este, el que realmente tienes. Recuerda que todo lo que en tu mente exista previsto o planificado para un futuro es un deseo legítimo, pero en realidad no existe, no te hará vivir mejor hoy, ni estar mejor ahora, más allá de lo que sea capaz de engañarte tu propia expectativa.

Aprende a separar la distancia que hay entre tu realidad y tu idealidad. Eso te hará, con seguridad, más feliz. O al menos que estés donde debes estar, en el momento actual.

Y así, te permitirá conectarte mejor con tu futuro, porque entonces estarás cumpliendo con lo que te está tocando vivir, a la vez que estarás generando la energía y los recursos necesarios para avanzar hacia tus nuevas metas, lleguen o no.

Este mundo que ahora tienes es el camino, no la meta.

Y desde este mundo presente podrás permitirte el futuro; sin el ahora jamás existirá lo que está por llegar. Una buena razón para que te ocupes del presente. «El futuro no es un regalo, es una conquista», decía Robert Kennedy.

Algunas personas se centran en el presente, otras mucho más en el futuro.

Unas viven el día a día. Otras ansiosamente lo que está por llegar, sin disfrutar de lo que están haciendo.

En el libro *La paradoja del tiempo*, su autor, el psicólogo Philip Zimbardo, dice que las personas centradas en el presente buscan el placer, la emoción del momento. Consideran cada instante como algo nuevo, como si lo viviesen por primera vez. Se centran en la gratificación inmediata. Aprecian a la gente que les rodea con más intensidad y también la naturaleza. Son más juguetones, impulsivos, sexuales y sensuales. Pierden con frecuencia la noción del tiempo, ya que se centran en aquello en lo que están. Y suelen ser mucho más altruistas.

Por otra parte, este mismo escritor nos dice que las personas centradas en el futuro retrasan la gratificación, saben aplazar la recompensa. Son más autodisciplinados. Tienden a imaginar escenarios futuros posibles. Les suele encantar su trabajo y lo que en él consiguen. Vigilan más su salud, les importa más el cuidado físico. Son mejores para ayudarse a sí mismos, pero mucho menos a los demás. Y suelen tener más éxito en sus carreras que aquellos que están más concentrados en el presente.

A los primeros se les suele llamar vividores. A los segundos, ascetas.

Ninguna de estas dos formas mentales, por sí sola, es la mejor.

Y a ninguno de los casos me refiero cuando invito a vivir el presente sin descuidar el futuro, es decir, a **vivir el presente con sentido de futuro.**

Es necesario centrarse en el presente para disfrutar de la vida. Y, a su vez, es igualmente necesario entenderse con el futuro buscando los caminos y logros deseados.

Esa es la clave.

Ahora lo sé.

De vez en cuando, en mi vida tengo una gran visión de futuro: un proyecto entre manos, un viaje esperado y soñado, una reunión de trabajo, una sesión con amigos… A veces me llevan años de planificación, de estudio, de recorrer camino, de emplear mucho tiempo. Pero siempre intento, en esos momentos, aprovechar el presente y disfrutar cada instante, incluyendo los de la propia planificación

Me pasa, por ejemplo, cuando estoy escribiendo un libro, como me está ocurriendo ahora mismo, en este instante. Leo mucho, escribo disfrutando este momento presente, y a su vez, en mi cabeza aparece el deseo de mandarlo a la editorial, de presentarlo pronto en diferentes ciudades, de cómo será ese momento… Hoy y mañana juntos en un mismo instante: vivir el presente con sentido de futuro.

Tengo una carpeta en mi ordenador a la que he llamado «posibles futuros». Ahí guardo algunos de mis planes, me conecto con ellos cada cierto tiempo, investigando desde el conocimiento que se tiene de ellos en el presente, disfrutando con los aprendizajes del hoy, del ahora. Y a su vez, visualizo cómo podré sacarles partido a esos conocimientos en mi mañana.

Sueño despierto con mucha frecuencia. Y eso me gusta. Pero siempre intento no dejar de estar en lo que estoy. Disfrutando del sueño con sentido de futuro, a la vez que viviendo el momento presente.

Esto es, quizá, entender la vida de forma exponencial, presente y futuro juntos, conectados, un tema del que ya me pronuncié en mi libro *Bienvenidos a la revolución 4.0*, en el año 2018, y que forma parte del contenido de algunas de mis ponencias.

Me gusta vivir en el mañana, pero desde el hoy. Ahí es donde la vida se construye, en el hoy.

Y allá, en el futuro, es donde habitan las promesas, las mejoras, la esperanza. Lo que está por llegar. El deseo.

En mi modesta opinión, es la forma más inteligente de vivir. Podríamos decir que consiste en vivir conectados con el futuro, sin perdernos el presente.

Es ir hacia donde las cosas van, sin dejar de estar donde hoy están.

A modo de símil, os diría que consiste en sentirnos futuristas con lo que deseamos que acontezca, a la vez que actualistas, vividores, de la realidad actual.

AHORA LO SÉ.

Porque no siempre fue así. Me perdí muchos presentes en estos años, y también no supe entenderme con el futuro.

Deja atrás el pasado.
Conecta con el presente.
Y explora el futuro.

TERNURA

El síntoma más claro de amor es la ternura.
Víctor Hugo

La ternura es un acto de valentía.

No me hace falta la luna,
ni tan siquiera la espuma,
me bastan solamente
dos o tres segundos de ternura.
Luis Eduardo Aute

Mientras escribo, miro a mi gatita Zoe cómo descansa cerca de mí, y mi mirada, al verla, se llena de ternura. Cuánto poder tiene el amor que ella me entrega, sin despeinarse. No sé si ella será consciente. Creo que sí...

No sé si podéis imaginar la ternura que siento al coger a mi nieta Emma en mis brazos, al mirar sus ojitos, al escuchar sus balbuceos, sus primeros sonidos guturales.

También me suele pasar cuando, quedándome como bobo, escucho a esas personas que tanto me importan. A veces, al escucharlos siento una especie de amor caramelizado, enriquecido por la ternura que origina la admiración y, en muchos casos, el amor que por ellos siento.

La ternura da sentido a la vida.
Es la expresión más fuerte y bella de amor. Nada la supera.
El amor sin ternura no es amor.
La ternura configura un tipo de lenguaje, hablado o no,
un tipo de relación, una forma de sentir y sentirnos con los demás.
Da calidad de vida a quien la entrega y a quien la recibe.
Nos pinta la vida con un colorido especial, diría una canción.
Nos saca del blanco y negro.

Conviene invertir en ternura, es lo más rentable para nuestro propio bienestar. Enarbolo la bandera de la ternura, y sé que esto revierte en hacer que yo mismo me sienta mejor, me quiera más, y que quiera a otros con la mejor de las versiones posibles de las que dispongo.

Cuando hay ternura, hay amor.

Cuando no hay ternura, hay vacío de amor.

La ternura nos conecta con la paz interior, con la calma, con la positividad y la confianza. Es el mejor conector emocional.

La ternura invita al cuidado de los otros, haciéndonos sentir bien, confortables con los sucesos, sean adversos o no. Necesitamos la ternura en nuestra vida.

¿Por qué nos encanta ver en las redes sociales vídeos de cachorritos, ya sean gatitos o perritos? Algunos estudios sociológicos nos lo explican. La doctora Jessica Gall Myrick, de la Universidad de Indiana, precursora de alguno de estos estudios, nos ha llegado a decir que visualizar gatitos protagonistas de estos vídeos tiene poder terapéutico, genera bienestar psicológico en una gran parte de la población y mejora el resultado de tratamientos antidepresivos o de ansiedad, entre otros.

La ternura da calidad a nuestros vínculos personales. Es la clave para desarrollar la empatía con los demás. Mejora, sin ningún tipo de duda, las relaciones.

Sin embargo, aun sabiendo todo esto, el afamado Paul Ekman, psicólogo experto en materia de emociones humanas, afirma que la ternura es uno de los aspectos humanos emocionales más descuidados.

¿Cómo puede ser? Si tan solo requiere de cercanía, de un modo de sentir, de mirar, de apreciar al otro. Incluso de regalar, en según ciertas ocasiones, alguna que otra caricia, alguna lágrima, una escucha real y significativa, algo de tacto.

La ternura es un lenguaje que todos sabemos hablar, pero que, al parecer, usamos menos de lo que deberíamos. Con frecuencia, se nos olvida.

La buena comunicación entre personas que se aprecian, que se quieren, que se admiran, que se aman, necesita de ternura.

La sexualidad sin ternura no es sexo. Llámala de otra forma.

La convivencia sin ternura es un desierto árido.

Gracias a la ternura las relaciones son más profundas y duraderas.

Michael Kringelbach, doctor en la Universidad de Oxford, llevó a cabo un estudio sobre la ternura y la supervivencia en diferentes estados posibles de relación, incluyendo los casos bélicos. Sus estudios concluían que la ternura garantiza la supervivencia, mejora el sentido de relación, ya que impone el cuidado de los demás, especialmente si los otros son personas necesitadas, o bien si se trata de niños, de ancianos, o de animalitos.

Eso sí, para que la ternura sea real y funcional, tiene que sentirse de verdad, desde el corazón.

La ternura debería ser la emoción predominante en cualquier relación.

Y es que, al aparecer, según nos relatan numerosos estudios psicológicos, con la ternura desaparece la rabia, la ira y el malestar.

La ternura hace sabia a la tristeza y maximiza el disfrute en momentos de alegría. Tanto a la tristeza como a la alegría las hace más reales.

El ensayista Joseph Joubert nos decía que la pasión con ternura es otra dimensión. Y que, por encima de cualquier otra peculiaridad, la ternura es el reposo de la pasión. A diferencia de la pasión, la ternura no es efímera.

En la pasión habita el enamoramiento, mientras que en la ternura es el amor para siempre el que ocupa su lugar. Ambos espacios son necesarios. Deberíamos cuidarlos, no perderlos por el efecto que causa el paso del tiempo.

Sin la ternura, las relaciones se convierten, pasado poco tiempo, en apáticas, egoístas, distanciadas, aburridas y rutinarias.

Lo tierno invita al abrazo, a la caricia, al beso, al afecto en todas sus dimensiones. Es el nutriente esencial del amor.

Y, además, por si todo esto no fuera suficiente, la ternura libera del estrés.

Decía Oscar Wilde que «en el arte como en el amor, es la ternura lo que da la fuerza». ¡Qué listo!

Yo, **ahora que lo sé**, y sabiendo que me queda menos tiempo de vida que el que ya he vivido, tanto en mi arte, donde laboro, como en el amor, donde habito, quiero invertir un poco más de mi energía y tiempo en ternura. No me lo quiero perder.

La ternura, sin duda, es el lenguaje del corazón.

Y todos sabemos que el corazón es el órgano que mejor habla.

SERENIDAD

Madurar es comprender
lo esencial de la vida:
una tarde en la orilla de la playa,
una gota de lluvia recogida en la mano.

Buscar la serenidad
me parece una ambición más razonable
que buscar la felicidad.
JORGE LUIS BORGES

¿Prefieres vivir feliz o vivir con una mente serena? Es decir, ¿prefieres sentir felicidad o paz interior?

¿Buscar la felicidad o sentir el bienestar que proporciona disponer de una mente tranquila, que está en coherencia con las situaciones que vive?

Quizá sea lo mismo.

No lo sé…

O, quizá, la felicidad sea la consecuencia de vivir con cierta paz interior.

No lo sé…

Pero no pretendo en este capítulo «discutir» sobre la lingüística de los dos términos, lo que significan, lo cerca que conviven; ni siquiera sobre si se puede sentir o no felicidad sin serenidad. Probablemente la respuesta sea «no», pero dejémoslo ahí.

Y, sin ningún tipo de discusión, me pongo del lado de **la serenidad**.

En mi vida actualmente tengo una meta muy clara: perseguirla. Lo tengo escrito en mi renovado ADN, como un objetivo vital.

Quiero dejar de pensar en ser más o menos feliz
para ser una persona más serena.

La serenidad es una actitud, es decir, una disposición mental ante cualquier hecho.

Vivir sosegadamente, apaciblemente, sin tantas turbulencias mentales es un modo de vida. Algo que se puede entrenar.

Tiene mucho que ver con el sentido del humor, es decir, con el modo con el que nos disponemos ante todo lo que nos llega en la vida.

Y, por eso, vivir con serenidad nos puede cambiar la vida.

AHORA LO SÉ.

La serenidad es un estado de paz interior que nos permite mantener la calma ante situaciones complejas, ante situaciones que nos agobian, con las que no nos sentimos a gusto.

Una persona serena mantiene la calma ante situaciones difíciles, buscando alternativas posibles para conservar su bienestar.

Prefiero conseguir vivir con una mente serena que con la ilusión ilusoria de una mente feliz, ansiosa por querer estar satisfecha de forma continua, por cumplir con las expectativas.

La serenidad se encuentra cerca de la esperanza. Y nos ayuda a sentirnos bien cuando sentimos satisfacción o insatisfacción por las expectativas cumplidas o no.

La serenidad es un estado también físico. No solo mental.

Muchos rasgos de nuestro sistema orgánico cambian cuando nos sentimos serenos ante cualquier circunstancia. La serenidad nos autoprotege de enfermedades, de lo que coloquialmente diríamos «perder los nervios», de comportamientos agresivos o sumisos, de alteraciones hormonales, del exceso de cortisol en sangre y un largo etcétera.

La calma, resultado de una mente serena, nos ayuda a autoobservarnos, a entendernos con nuestra respiración, por lo tanto, con el alimento de nuestras células, a analizar con mejor criterio y claridad cualquier dato o hecho, cualquier información previa a la toma de una decisión, especialmente si se trata de algo crucial, y también a asumir las consecuencias que tomamos de estas.

Para trabajarnos la serenidad es muy importante el autoconocimiento, saber cómo nos comportamos ante las circunstancias que nos hacen perder la calma. Conociéndonos bien podemos anticiparnos, saber qué nos altera y de qué manera, y aprender a autocontrolarnos si así lo queremos, de forma consciente.

Esto se aprende identificando cuáles son los factores provocadores de estrés que nos hacen perder la serenidad, así como entrenando el grado de relajación y control mental para atender a esos estresores.

El control de las emociones, de los sentimientos y la propia serenidad se retroalimentan. A mayor control mental, mayor serenidad. Y viceversa.

Es ideal entrenar la serenidad cuando no nos está ocurriendo nada especialmente estresante, cuando estamos bien; es una manera de incrementar progresivamente la calidad de nuestro bienestar habitual, y así aprender a disponer de una mejor actitud cuando llega algo imprevisto que puede ser adverso.

Conocemos muchas formas de vivir, quizá las más extendidas, que suelen estar entrenadas para la competitividad, vivir de forma hiperacelerada, sobreestimulada, excesivamente eufórica.

Por otra parte, nos enseñan desde muy pequeños a alimentar nuestra mente del exceso, de herencias biológicas o religiosas basadas en el sufrimiento, de sentimientos de miedo, incertidumbre, inseguridad, inconformismo estúpido, perfeccionismo, tristeza exagerada e irreal, ira, culpa…

Elementos que nos alejan de la paz interior, nos paralizan ante el cambio. Ante lo nuevo. Ante la toma de decisiones. Y que nos hacen vivir en un sin sentir la vida. Nos daña el bienestar cotidiano, a veces sin saber ni siquiera el porqué.

La serenidad, y esta es la buena noticia, nos ayuda a neutralizarlo.

Cuando el ser humano se encuentra estresado, agobiado por los problemas cotidianos y superado por un contexto y unas emociones que no sabe manejar, actuará de forma errática y poco acertada.

Todo lo contrario si la mente está serena.

La mente ansiosa nos engaña, nos hace pensar cosas que no son como son, ve amenazas donde no las hay, nos obliga a decidir por impulso cuando no toca.

Solo la mente en calma navega por esa claridad interna necesaria, en la que se observa el horizonte atisbando todas las perspectivas posibles y no bajo una mente autoengañada. El enfoque relajado permite a la persona decidir sin improvisar, salvo que eso sea lo que necesite, y resolver problemas generalmente de manera más acertada.

La serenidad nos ayuda a no ser cautivos del miedo tóxico, del que nos paraliza, del temor, nos ayuda también a manejar la frustración, a mantener bajo control las preocupaciones.

Y, por si esto fuera poco, hay una faceta también muy importante de las personas serenas, una característica, en mi opinión clave: la capacidad de aceptar lo que no se puede controlar o cambiar. Es decir, las personas serenas no solo asumen con tranquilidad la incertidumbre que respira nuestro presente y nuestro futuro, sino que, además, aceptan que en esta vida hay muchas cosas que no se pueden controlar, que son así, tal cual.

Como decíamos en el primer capítulo de este libro, la serenidad nos ayudará a sentirnos bien con ¡**Esto es lo que hay!**

Técnicas de relajación, de respiración consciente, el yoga, la meditación, el tantra… nos ayudan a conseguir entrenar la mente para vivir de una forma más sosegada, menos turbulenta, orientada a hacernos sentir mejor, más calmados.

También es recomendable realizar actividades de tiempo libre, dejar espacios de tiempo para el ocio, para pasear, hacer deporte, ver una buena peli o serie, escuchar música, tener buenas conversaciones, ser sexualmente activo, tener tiempo para no hacer nada… Prácticas y actividades que nos permiten vivir más serenamente, que nos alejan del brutal ruido del día a día.

Yo recomiendo, sin ninguna duda, cualquiera de estas sugerencias de mejora vital. Algunas están ya alojadas, desde hace un tiempo, en mi vida.

Me están ayudando mucho.

Ahora lo sé.

Entendamos la serenidad como la fuente más preciada ante la complejidad que, en ocasiones, nos pone ante nosotros la vida.

Decía la escritora francesa Françoise Sagan que para ella «la serenidad era tener buena salud, dormir sin miedos, despertar sin angustias y actuar en un entorno de tranquilidad cuando se necesita». ¿Algo más que añadir?

Y, si tenemos todo esto, ¿no será que somos más felices?

> Trabajemos la serenidad y llegará, por momentos, cada vez de forma más frecuente, ese estado vital que llamamos **felicidad**. O al menos el bienestar emocional y funcional.

El conocido historiador Thomas Cleary, experto y autor de libros sobre sabiduría oriental, nos dice en *La mente del samurái. Una antología del Bushido* que la serenidad o calma mental es la cualidad más importante del samurái.

Para la tradición oriental, budista o no, nada es tan importante como tener serenidad.

Eso **ahora lo sé**.

Esto ahora lo quiero en mi vida.
Quiero llegar a ser un samurái, al menos en este tema.

Un hombre no trata de verse en el agua que corre,
sino en el agua tranquila,
porque solamente lo que en sí es tranquilo
puede dar tranquilidad a otros.

CONFUCIO

OPTIMISMO SALUDABLE

No liberes al camello
de la carga de sus jorobas;
podrías estar impidiendo que sea camello.
G. K. CHESTERTON

El exceso es un defecto.
LÉON BLOY

Nadie llega al paraíso
con los ojos secos.
THOMAS ADAMS

*No intentes hacerlo perfecto,
intenta hacerlo interesante.*

Cuando hablamos de optimismo saludable nos referimos a la decisión individual y natural de poner nuestra mirada al servicio del lado positivo de lo que acontece, teniendo en cuenta la realidad tal como es, sin deformarla, sin inventar algo no existente, sin autoengaño, sin perseguir el perfeccionismo, siendo consciente de que las cosas, en ciertas ocasiones, son difíciles, adversas y que suceden no como nos gustaría.

Pretender que todo debe ser como queremos que sea es ilusionismo mental.

Exagerar la motivación no realista sobre un determinado hecho es estúpido y poco beneficioso para nuestro equilibrio emocional.

El optimismo saludable, también calificado como nutritivo,
se refiere a la capacidad de asumir los retos y las situaciones difíciles de forma
favorable, bajo una perspectiva positiva, resolutiva y, a la vez, asertiva.

Y esto también se entrena.

El optimismo saludable consiste en darle la máxima potencia, por decisión propia, a un estado actitudinal interior y energético favorable ante cualquier circunstancia, sin desmerecer la realidad de esta, favoreciendo la energía interior que proviene de la VITALIDAD.

Dondequiera que pongamos los ojos tendemos a ver la realidad desde nuestro punto de vista. Y lo bueno es que esto se convierte en una decisión, es decir, nos permite elegir desde dónde queremos ver esa realidad, simplemente cambiando el modo de ver las cosas. Ver la realidad de una forma u otra define a la propia realidad.

Ojo, no la cambia, no se trata de eso, porque no siempre se puede, solo la interpreta bajo un criterio que nos es beneficioso.

El optimismo saludable no es optimismo tal cual. Lleva el adjetivo de «saludable» porque pretende ser una forma optimista inteligente, basada en no negar o distorsionar la realidad que acontece.

Se basa en responder a una pregunta que a mí me gusta calificar como mágica: «**¿Qué sí puedo/podemos hacer?**».

Las personas que utilizan con frecuencia esta pregunta son personas con mentalidad de abundancia, de crecimiento, de mente abierta, capaces de ver la realidad desde una perspectiva mucho más abierta, llena de oportunidades para avanzar, para aprender.

La realidad de cualquier suceso me guste o no me guste a mí, me entristezca o me alegre, me enfade o me haga muy feliz, me sea favorable o me genere contrariedad…, sea cual sea la realidad a la que me enfrento, siempre me permitirá responder a esta pregunta: «¿Qué sí puedo hacer?».

> Esta es la clave.
> Salir del NO, negar el NO.
> Pasar al SÍ.

Es la única forma de negacionismo a la que me adscribo.

Soy un fan de negar el no. Y esto no me hace más débil.

Como suelo contar en mis charlas, no me refiero al «no» lingüístico, tan valioso como el «sí», sino a un «no» conceptual, ese que nos impide ponernos en movimiento, ver y actuar frente a cualquier realidad, sea la que sea, con la mejor de nuestras energías, ofreciendo nuestra mejor versión.

AHORA LO SÉ.

Lo aprendí ya hace mucho, pero me ha costado años llevarlo a cabo.

Ser un optimista saludable no es ser optimista porque sí, porque lo digan los «gurús motivadores», los cánones actuales o los libros de autoayuda. Ser optimista no es ver el vaso medio lleno. Es, más bien, dejarte de tonterías y ponerte a llenar el vaso, si es lo que corresponde, para que sí esté lleno.

Precisamente, cuando las cosas se tuercen es cuando necesitamos mucho más de la mente positiva, del optimismo saludable. Momentos en los que se pone a prueba nuestra verdadera vitalidad, entusiasmo, saber hacer…, y nuestra capacidad de gestionar las emociones. Es el momento de la verdad, en el que aparece o no nuestra verdadera **inteligencia y agilidad emocional.**

Los expertos saben que las personas con mayor fortaleza interior, con mejor autovaloración de sí mismos, con una autoestima razonablemente equilibrada, con autoconfianza disponen en general de un mayor optimismo inteligente.

Al optimismo saludable se le ha dado en llamar técnicamente con la denominación de optimalismo, tema del que ya escribí con profundidad en mis dos libros anteriores: *Cómo entrenar la mente*, en el que os dejaba algunos ejercicios para activarlo, y *Salta contigo*, al que le dediqué un capítulo.

> La vida es una carrera de obstáculos. Nos guste o no.
> Está repleta de desafíos que llegan muchas veces
> cuando menos los esperamos.

Y, sin ninguna duda, la **vitalidad positiva** es la mejor opción de que disponemos para vivirlos. Todos sabemos hacer uso de nuestra mejor energía para atender con vitalidad los buenos momentos, los que son placenteros, pero también debemos aprender a hacer uso de esta misma energía cuando nos toca lidiar con aquellas situaciones y adversidades que no nos gustan tanto.

Si tuviera que dejarte algunas de las mejores recomendaciones para que puedas entrenar el pensamiento positivo inteligente, saludable, serían todas ellas el resultado de las reflexiones que he compartido contigo en capítulos anteriores.

Recuerda que deberías VALORAR LO QUE ERES Y LO QUE TIENES.
APRENDER DE TUS ERRORES Y FRACASOS. Pero no los entrenes.
No te quedes asentado en ellos.
VIVIR MÁS EN PRESENTE QUE EN PASADO O FUTURO.
NO OLVIDES PONERTE RETOS ALCANZABLES. Sé realista, no perfeccionista.
BUSCA TU PAZ INTERIOR CON SERENIDAD. Así mejorarás el control de tu vida.
BUSCA LA ALEGRÍA Y VITALIZA TU ENERGÍA.

El optimismo inteligente es saludable, y así se le denomina también, porque está íntimamente relacionado con la salud.

Numerosos estudios de diferente índole demuestran que las personas optimistas con visión inteligente de la realidad, sin negarla, viven más y mejor. Las emociones, sentimientos y estados de ánimo positivos están asociados a una mayor esperanza de vida y con un mejor estado de salud.

En los últimos años, estudios como el llevado a cabo por el Instituto de Salud Pública de la Escuela de Harvard asocian el optimismo inteligente con un menor riesgo de morir por cáncer. El estudio se hizo más extensivo en cuanto a otras enfermedades, obteniéndose los mismos resultados para las patologías cardiovasculares y las respiratorias.

Otras investigaciones llevadas a cabo por las autoridades sanitarias finlandesas muestran que el pesimismo injustificado constituye un factor de riesgo de muerte por cardiopatía coronaria.

Eric Kim, director e investigador del estudio de Harvard, explicó en la presentación de este que no solo las personas más optimistas tienden a actuar en su vida de forma más saludable porque comen mejor, hacen más ejercicio, duermen más horas, sino que observaron una correlación con mejores niveles de cortisol en sangre, lo que significaba un nivel de inflamación menor, con unos niveles de lípidos en sangre más saludables y con un aumento significativo de antioxidante naturales en sangre, protectores del daño celular.

Estudios previos ya habían revelado que los optimistas presentan niveles más bajos de cortisol, hormona que, en exceso, contribuye a elevar la presión sanguínea, a aumentar la grasa abdominal y a debilitar el sistema inmune. Otros investigadores han relacionado el pesimismo con la disminución de las catecolaminas y con una menor secreción de endorfinas, lo que implica menor actividad del sistema inmunológico y propicia el incremento de las enfermedades infecciosas y autoinmunes, entre otras.

Lo veremos en otro capítulo con más detalle.

Las características y habilidades fundamentales de las personas optimalistas, optimistas inteligentes, son la esperanza, la serenidad, el pensamiento o visión positiva de la realidad, el lenguaje interior afirmativo y la extroversión, con tendencia a hablar más de lo normal con ellos mismos y con otras personas.

Curiosamente estas características, clasificadas por los científicos como saludables, nos alejan de la desconfianza, del fenómeno de la impotencia adquirida ante un hecho, del lenguaje interior catastrofista y del fatalismo persistente. Elementos que, repetidos en el tiempo, dañan nuestras defensas naturales y contribuyen a producirnos enfermedades cardiovasculares, así como diabetes tipo 2 y ciertos tipos de cáncer.

Y esto no es que lo diga yo, sino reputados psiquiatras como, por ejemplo, el famoso psiquiatra español afincado en Nueva York Luis Rojas Marcos, que, desde hace años, propugna que deberíamos enfocar nuestra vida a través de una lente que acentúe los aspectos favorables de lo que observamos y vivimos, porque este es uno de los mejores protectores de la salud y de la longevidad.

«Ser optimista, o no serlo, predice en gran medida nuestra longevidad. Son muchos los estudios que demuestran que la esperanza de vida de los optimistas saludables es superior a la de los pesimistas», asegura Rojas Marcos.

Y el cardiólogo, y también español en Nueva York, Valentín Fuster parece estar muy de acuerdo con su amigo Luis. Así lo ha propugnado y evangelizado en numerosas conferencias y escritos que están al servicio de cualquiera de nosotros en bibliotecas e internet.

Me uno a esta filosofía de aprender a vivir bajo la luz de un optimismo inteligente saludable (llamado **OIS**).

Ahora sé que es mucho mejor entendernos así con la vida.

Y una curiosidad más: muchos estudios han demostrado que, a la hora de tomar decisiones, los OIS suelen decidir bajo una forma de valoración, y también un balance más equilibrado, entre los aspectos favorables y desfavorables de un hecho, versus los pesimistas, que suelen decidir centrándose, de forma absolutista, en los aspectos desfavorables.

Los pesimistas tienden a quedarse más atrapados con las ideas que le llevan a visualizar que con seguridad aquello en lo que están les saldrá mal, sin poner ningún foco en la valoración de las posibilidades de que salga bien.

Los pesimistas tienden a perder el sentido de oportunidad cuando una situación en la vida les ofrece algo favorable.

Por el contrario, las personas de talante OIS mantienen una visión esperanzadora del futuro, tienden a considerar posible lo que desean y confían en su capacidad para alcanzar lo que se proponen.

La extroversión también es un buen aliado para la satisfacción, en general, con la vida que una persona lleva. Genera comunicabilidad y sociabilidad, y es una fuente importante de alegría y serenidad.

Hablar, comunicarnos con otros y con nosotros mismos contribuye a una mejor calidad de vida.

Conversar es sano. Y si es solo contigo también.
No es de locos. Es de gente muy cuerda.

Antonio Vallés, especialista en Psicología de la Salud de la Universidad de Alicante, imparte una asignatura denominada Optimismo inteligente. (Qué listos son en la universidad de mi ciudad 😃).

Este especialista enfatiza que «el optimismo no cura las enfermedades, pero proporciona al organismo, a través del sistema inmunológico, más recursos bioquímicos para luchar contra ellas».

Y, todo esto, sin olvidar al gran Abraham Maslow, psicólogo neoyorquino nacido en Brooklyn, con su superreconocida escala de necesidades. Maslow nos dejó claro que todo esto de lo que estamos hablando tiene sentido si primero hemos cubierto las necesidades básicas: alimento, necesidades de reconocimiento social, amorosas, etcétera.

El optimismo inteligente saludable, OIS, es una metanecesidad. Significa que es una necesidad que denominamos superior, es decir, que es nutritiva cuando tenemos cubiertos los niveles inferiores de otras necesidades básicas. De no ser así, pierde el sentido.

La idea de Descartes de separar la mente y el cuerpo, porque era una indicación divina, fue una mala idea. Retrasó mucho, más de tres siglos, los estudios científicos y médicos que relacionan lo que por nuestra mente pasa con las reacciones que tiene nuestro cuerpo. Mente y biología están conectadas de forma interdependiente, como no podía ser de otra forma.

Hoy se sabe que no hay separación entre lo que pensamos y las reacciones que eso produce en nuestro cuerpo, y al revés, cómo nuestro cuerpo entrenado es capaz de cambiar nuestras emociones. Sabemos que existe una constante comunicación entre las neuronas encargadas de equilibrar el estado emocional, las que regulan los pensamientos y las que controlan el sistema nervioso vegetativo, encargado, entre otras funciones, de regular el ritmo cardiaco, la presión arterial, el sistema hormonal y el sistema inmunológico. Sobre esto hay ya miles de estudios de diferentes centros de investigación y universidades en todo el mundo.

«Si tenemos ansiedad por nuestras preocupaciones, nuestro sistema nervioso autónomo o vegetativo se hiperactivará y alterará el equilibrio homeostático del organismo provocando problemas cardiovasculares, respiratorios, dolores musculares y un largo etcétera de problemas físicos», ejemplifica el alicantino Antonio Vallés en un artículo publicado en *La Vanguardia* y escrito por Mayte Rius.

El estudio de los psiquiatras finlandeses, al que hice referencia anteriormente, publicado en noviembre de 2022 en la revista *BMC Public Health* concluía que las personas del cuartil (25 %) más pesimista tenían un riesgo 2,2 veces mayor de morir por cardiopatía coronaria que los del cuartil (25 %) con el nivel más bajo de pesimismo.

Los datos hablan. Más bien nos gritan.

Y nosotros ¿los escuchamos? ¿Les hacemos caso?

Y así podríamos seguir estudio tras estudio, llenaríamos un buen puñado de libros con los mismos o parecidos resultados.

Cada año se publican muchos más estudios que confirman el error de Descartes, del que ya habló Antonio Damasio hace un tiempo, a la vez que clarifican las bondades que nos produce disponer de una mente OIS.

Resumiendo en modo pregunta: ¿qué conseguimos con una disposición mental Optimista Inteligente Saludable?

Tener una vida mejor. Un mejor bienestar emocional y físico.

O si lo prefieres, ser más felices.

O también, como diríamos más vulgarmente, pero a mí me encanta decirlo así, estar bien. Sencillo pero poderoso.

Esto **ahora lo sé.**

E intento practicarlo.

Stop.

Take a breath.

Observe.

Proceed.[2]

La capacidad de observar sin juzgar
es la más alta forma de inteligencia.
JIDDU KRISHNAMURTI

Nada más en este capítulo. Finiquitado. En el acrónimo está todo dicho. Para, tómate un respiro, observa tus pensamientos-emociones y actúa. Hazlo esto varias veces al día y tendrás una vida diferente. Es una práctica muy potente, y habitual, en el entorno del *mindfulness*.

AHORA LO SÉ.

Ahora lo tengo cada día en cuenta. Y lo hago.

2. De Jon Kabat-Zinn, biólogo molecular del MIT.

RENUNCIAR

*Creo profundamente
en las vueltas que da la vida.*

Aprender a renunciar es una excelente forma de simplificar la vida, de enfocarnos en lo que realmente importa, de quitar lo superfluo.

Pero nos cuesta. Nos cuesta deshacernos de pertenencias, incluso aunque no nos sean muy válidas. En numerosos casos, deberíamos librarnos de los muebles viejos o trastos que no nos aportan ya nada en casa, o vaciar el armario de esa ropa que ya no usamos. Tirar lo que no nos vale se convierte en un suplicio. Nos cuesta reducir el tiempo dedicado a los medios en internet, a las redes sociales; hay personas que pasan más de cuatro horas cada día pillados por su teléfono móvil, y sin embargo dicen no tener tiempo para ciertas actividades de mayor valor.

Nos cuesta incluso renunciar a estar cerca de esas personas que sabemos que son para nosotros veneno puro.

Renunciar es complejo. La mente humana no está preparada, de entrada, para renunciar, para quitar, ni siquiera lo superfluo ni lo no válido.

También deberíamos aprender a simplificar nuestros pensamientos, a eliminar los que sobran, a gestionar nuestras emociones y no darles fuerza a las que nos perjudican.

Renunciar es la mejor manera de simplificar la vida y enfocarnos en lo que de verdad importa. Pero es tan difícil…

Estaría bien aprender a:

1. Hacer una evaluación de las pertenencias y posesiones que realmente no necesitamos. Deshacernos de todo lo que no nos aporta valor, de lo que no nos es útil. Déjame decírtelo así, de vez en cuando toca limpiar la casa.

2. Identifica las actividades que te brindan más satisfacción y enfócate en ellas. Elimina las que te generan estrés, aunque estén de moda.

3. Identifica también las personas que sobran en tu vida. Aprende a decirles «adiós». Rodéate de la gente que necesitas. Los amigos y familiares que te hacen sentir bien. Y entre otras cosas, reír.

4. Simplifica tus rutinas diarias. Elimina las tareas que consumen mucho tiempo y, sin embargo, no te aportan lo que de ellas esperas.

5. Aprende a decir «no». No te sientas obligado a aceptar todas las invitaciones o propuestas que te hacen. Tu tiempo es tu vida. No todo vale. De manera educada y asertiva di «no» todas las veces que lo necesites.

6. Cultiva la gratitud. Aprecia lo que tienes y de verdad te importa, en lugar de desear constantemente más y más.

Renunciar a lo superfluo no significa privarte de lo que disfrutas, sino de lo que te tiene atrapado sin aportarte **valor vital**, sea por un motivo u otro.

La capacidad de crear valor vital consiste en aprender a enfocarnos en lo que para cada uno es esencial. En la esencia reside la verdadera vida.

Y así encontrarás una mayor tranquilidad mental, más tiempo para lo que para ti es importante, y una agenda más aliviada.

En definitiva, serás más libre.

Yo, durante mucho tiempo, fui muy esclavo de lo superfluo. Ahora lo sigo siendo mucho más de lo que me gustaría.

Pero **ahora lo sé**.
Y me ayuda.

Para **avanzar** en la vida, en mi opinión y experiencia, necesitamos dos claves: **empezar y renunciar**.

No aparecerán cosas nuevas en nuestra vida si no sabemos a qué decir «no», qué dejar por el camino, qué quitar.

Cuando te aferras a algo que no te beneficia, te estancas.

También puede que tengas la experiencia, quizá alguna vez, de haber deseado algo que no haya podido ser, que no haya ocurrido, que no se haya cumplido. En esos casos, si sabes renunciar a ello y sigues adelante, seguramente encontrarás en tu camino nuevas oportunidades. En cambio, si te aferraste, sin saber renunciar, sufrirás más y perderás, no solo a lo que estabas aferrado que no llegó, sino a las nuevas oportunidades que te aparecieron y que ni siquiera viste.

Otro tipo de renuncia necesaria es esta que está asociada a la capacidad para perdonar. Los budistas lo explican muy bien cuando nos dicen que si una persona nos daña tiene un mal karma. Pero a nosotros, los dañados, nos genera miles de malos karmas. ¿Por qué? Para la persona que nos daña, su mal karma es el propio daño que ha hecho, pero nosotros nos quedamos con miles de karmas en nuestra mente, sin saber renunciar a ellos, dándole vueltas y vueltas.

Incluso, a veces, mantenemos esos malos karmas en nuestra cabecita durante años. Se le llama rencor. Y a quien verdaderamente hace daño es al dañado, porque no supo perdonar.

> Perdonar es también una forma de renunciar: renunciar a no quedarnos con algo que altera nuestra paz interior. Dejarlo ir.

Cuando algo no es para ti, no importa el motivo, simplemente déjalo ir. Y fija tu mente y tu objetivo en otra meta. Toma otros caminos.

No podemos tenerlo todo. En la vida tenemos que dejar cosas atrás.

Siempre que se elige algo, tenemos que estar dispuestos a perder otras cosas. Y esto, a su vez, nos hace estar más comprometidos con lo que hemos elegido.

Renunciar es elegir.

Al renunciar decidimos dejar a personas, cosas, ideas… en el camino. En muchas ocasiones, sin saber cuál es el camino correcto. Pero de eso va la vida, de arriesgar.

Para aprender a renunciar deberíamos hacernos ciertas preguntas, tipo:

–¿Y si dejo de gastar mi energía en conseguir cada día más y más?

–¿Y si centro esta energía en un objetivo más concreto que coincida con mi verdadero deseo?

–¿Y si valoro y disfruto más lo que tengo que lo que anhelo?

–¿Y si pongo mi tiempo y foco en la situación que más me importa y no lo disperso entre muchas perdiendo valor en todas?

–¿Y si me centro en ser menos ambicioso?

Obviamente, no estoy en contra de marcarnos objetivos ni de trabajar perseverantemente para conseguirlos. Ni tampoco estoy en contra de la sana ambición ni de perseguir deseos nuevos.

No estoy en contra del inconformismo necesario y creativo que nos hace ser mejores. Los que me conocéis lo sabéis. Pero sí pido, al hacernos estas preguntas, una buena dosis de equilibrio.

Y, sobre todo, que aprendamos a decir, a muchas cosas y personas, que no es el momento de que dediquemos nuestro tiempo a ello, simplemente que «no» toca ahora, porque si todo toca ahora no sabremos renunciar a nada con el consecuente desgaste emocional y riesgo vital sobre nuestro bienestar personal.

El secreto, si le llamamos así, radica en buscar **el equilibrio entre las pretensiones y aspiraciones legítimas** que nos ayudan a mejorar las condiciones de vida, los deseos y nuestra capacidad de disfrutar del presente, de lo que tenemos, de lo que somos, de una forma saludable.

Nos han enseñado a tener miedo a quedarnos estancados. Y no nos han enseñado a tener miedo de vivir buscando la felicidad o el bienestar en el «tener más». No en el quitar lo que sobra, no es simplificar.

Cuando aprendemos a renunciar somos más felices.

Yo **ahora lo sé**.

El objetivo de la vida
es nacer plenamente,
pero la tragedia de esta
consiste en que
la mayor parte de nosotros
muere sin haber
nacido verdaderamente.
Vivir es nacer
a cada instante.

ERICH FROMM

Fromm lo expresó así, una maravilla. Y yo me he atrevido, con muchas más palabras, por falta de mi capacidad reductora, *de renunciar* 😃 al hipertexto, a decirlo así:

Nacimos,
y desde ese primer instante de vida,
empezamos a hacer uso
de nuestro tiempo.

Crecimos,
y nos enseñaron a vivir en modo carrera,
a no perder el tiempo,
a vivir cada día a gran velocidad,
a tener prisa,
porque debíamos conseguirlo todo cuanto antes;
la lentitud estaba mal vista,
los lentos siempre eran los perdedores, nos decían.

Crecimos,
sin que muchas de las ideas
que nos metían en la cabeza
y que nos pedían llevar a cabo
sirvieran para algo,

tan solo, y curiosamente,
para perder el tiempo.

Nos hicimos mayores...
Y en ese camino de madurez,
 tuvimos que ir al colegio, estudiar,
hacer los deberes
y asistir a las clases extraescolares.
Un poco después, emigrar
del instituto a la universidad,
estudiar una carrera,
buscar un trabajo
y una pareja,
tener hijos
y usar mucho tiempo
en gastar poco a poco nuestra vida,
es decir, nuestro tiempo.

Nos enseñaron que la vida consiste
en trabajar hasta que nos jubilásemos.
Y luego esperar,
esperar con paciencia lo último,
la fase final de nuestra aventura vital:
la muerte.
Y así, con ella,
acabar definitivamente con nuestro tiempo.

Vivimos,
y en esta vida,
nos enseñaron a juzgarnos, a clasificarnos unos a otros,
a querer tener todo bajo control,
a vivir con aspiraciones superiores a nuestras posibilidades,
en un mundo lleno de expectativas, unas tras otras.
A perseguir la seguridad,
y para ello,

a tener más y más de todo:
coche, casa, mascota, apartamento en la playa,
viajes extraordinarios, aventuras, cenas y fiestas sociales...

Nos enseñaron a tener para ser.
Tener más y más dinero,
a confundir el dinero con el tiempo,
usando nuestro tiempo para ganar dinero,
y así perder el tiempo,
lo único real y verdadero
de lo que disponemos en la vida.

Aprendimos
a planificar lo que todavía no había llegado,
a desearlo con sufrimiento,
a rememorar sin descanso todo lo que ya fue,
y a su vez, y sin razón,
a que nos perdiéramos lo que realmente existe:
el PRESENTE.

A esto no nos enseñaron,
ni a vivir en el instante,
ni a sentirnos en lo que estamos, donde estamos.
Ni a contemplar la belleza de la propia vida, sin más.

Nos dijeron que no se nos olvide destacar,
ser únicos,
cuando la propia humanidad,
y el universo,
nos une,
no nos separa.

Nos dijeron que luchásemos
para ser reconocidos por los otros.
Y que no se nos olvidase vivir

en el escaparate social,
atrapados en la red de las redes,
buscando likes,
inventando una vida paralela, falsa, irreal,
haciendo amigos irreales, falsos,
a los que no conoceremos jamás,
a los que no abrazaremos,
y, sin embargo,
a los que más tiempo dedicamos.

Nos enseñaron
a alterar nuestra imagen,
a amplificarla, a distorsionarla
con un único objetivo:
gustar a otros,
sin pensar cómo deberíamos SER
para gustarnos a nosotros mismos.

Nos enseñaron a pensar
en lo que no tenemos,
en lo que no somos,
en lo que no hacemos.
Y no en el poder de nuestro ser,
donde verdaderamente reside la vida.

Nos enseñaron,
de forma inconsciente,
a sentir ira, rabia, odio, asco, desprecio.
También alegría, tristeza, ilusión.
Todo tipo de emociones y sentimientos.
Y no nos educaron,
con delicadeza,
a vivir y crear entornos de
AMOR INCONDICIONAL.

Sin embargo, todos hemos nacido
como resultado de un acto de amor.

Todo esto lo sé y vivo ahora.
Ahora, cuando la mayor parte de mi tiempo
ya ha pasado.
Cuando me queda menos por vivir
de lo que ya he vivido.
Ahora es cuando realmente sé
lo que de verdad importa.
Ahora, cuando nazco cada día.
Es ahora,
cuando **lo sé**.

CONSCIENCIA

El cerebro es más amplio que el cielo.
Colócalos juntos,
y el uno contendrá al otro con holgura,
y también te contendrá a ti.
EMILY DICKINSON

La consciencia es la voz del alma.
Las pasiones, la voz del cuerpo.
WILLIAM SHAKESPEARE

Conocimiento de la propia EXISTENCIA.

Saber que sabes.

Hace unos meses, por primera vez en mi vida dejé de existir durante una hora y media aproximadamente. Fue durante la ejecución de una intervención colonoscópica; un anestesista inundó mi cerebro de propofol, un anestésico de uso muy habitual en este tipo de pruebas médicas. No recuerdo nada; en ese tiempo se produjo una absoluta oscuridad mental. No existes. Sí recuerdo el desmoronamiento que sentí, la sensación de dejarme ir. Ni siquiera recuerdo la no existencia que viví en ese momento.

La anestesia general es algo diferente a dormirse. Equivocadamente decimos que nos duermen cuando nos sometemos a una cirugía. Pero no es así. Si estuviésemos solo dormidos, el bisturí nos despertaría, nos haría mucho daño, nos quejaríamos, nos dolería. Los estados de anestesia profunda tienen más que ver con estados parecidos al coma, o al estado vegetativo, en los que la consciencia está totalmente ausente. Bajo efectos de una anestesia profunda, la actividad eléctrica cerebral se paraliza casi por completo, lo cual no sucede cuando dormimos.

Este es quizá uno de los grandes milagros de la vida moderna, que un anestesiólogo pueda modificar temporalmente la actividad del cerebro. Es un acto de pura magia, porque la anestesia es capaz de convertir a una persona, o cualquier otro animal, temporalmente, en un objeto

¿Y por qué un objeto?

Porque anula la consciencia. Aunque no sea del todo así, tal como te lo voy a decir, pero por un tiempo dejamos de EXISTIR. Perdemos la consciencia de la propia vida.

Al anular la consciencia perdemos la capacidad de sentir, de sentirnos, de ser. Perdemos la capacidad de saber de nosotros mismos y de nuestro entorno. Perdemos todos los sentidos y la autopercepción. Por lo tanto, perdemos la CONSCIENCIA.

Ser
conscientes
para poder
SER.

El origen de la consciencia humana está muy discutido. Experimentos realizados con técnicas avanzadas, como la resonancia magnética funcional y la electroencefalografía computarizada, en diferentes centros de investigación, universidades y laboratorios, han acabado por establecer tres teorías principales sobre cómo el cerebro genera la consciencia.

Estas tres teorías coexisten hoy en el mundo científico, aunque una de ellas tiene más peso que las otras dos, es decir, más avales por parte de los especialistas.

Quizá la corriente científica menos aplaudida es la que asocia la aparición de la consciencia a la ruptura de la mente bicameral provocada por el uso de productos alucinatorios de ciertos antepasados nuestros.

El estudio más profundo y reconocido sobre el tema es *The Origin of Consciousness in the Breakdown of the Bicameral Mind* (en castellano, *El origen de la conciencia en la ruptura de la mente bicameral*).

En el corazón de esta teoría está la revolucionaria idea de que la consciencia humana no comenzó con la evolución de los humanos, tal como se ha descrito por parte de los evolucionistas, sino que surgió como un proceso aprendido, a través de cataclismos mentales provocados por sustancias alucinatorias, hecho que se produjo hace unos tres mil años.

Y, además, siguiendo esta teoría, el proceso de desarrollo de la consciencia humana es continuo, no es algo ya acabado. Cada vez vamos desarrollando un modelo de consciencia que nos hace más poderosos.

Porque, según esta teoría, la consciencia sería la capacidad humana que nos hace a las personas ser seres únicos.

El autor del estudio que referenciaba especula que, históricamente, hasta muy tarde, quizá hasta el segundo milenio antes de Cristo, las personas no tenían consciencia, eran animales inconscientes.

Otra de las teorías es la propuesta por científicos, residentes en Estados Unidos, tales como el italiano Giulio Tononi y el alemán Christof Koch, la teoría llamada «integración funcional de la actividad en las neuronas». Propone que la consciencia resultó como algo espontáneo en el ser humano debido a la relación electroquímica entre las neuronas que conforman la compleja estructura del cerebro en las partes posteriores de la corteza cerebral (millones de neuronas y trillones de interconexiones entre ellas). Viene a decir, de forma pseudocientífica y a modo de sencilla explicación, que la consciencia es el resultado de las interconexiones neuronales.

Esta teoría está soportada en que interviene un componente importante de azar, tras construirse la estructura organizacional de la parte posterior del cerebro.

Ahora bien, si esto es así, podríamos decir que no habría una diferencia entre un cerebro humano y una máquina, si esta consigue, por una cuestión de azar o por intervención humana, estructurar las conexiones entre su órgano de decisión artificial, de forma que genere una consciencia parecida a la humana, aunque también artificial.

Significa que, si la inteligencia artificial fuera capaz de construir un dispositivo con ese grado de complejidad, ese dispositivo sería espontáneamente consciente.

Así de claro, nos guste o no. ¿Llegará?

La tercera es la llamada «teoría de la red o espacio de trabajo global», propuesta por científicos como Gerald Edelman, Joseph Gally y Bernard Baars, según la cual la consciencia surge cuando una determinada información es proyectada a diferentes áreas del cerebro, mediante una también complicada red de interconexiones. Esta propuesta incluye como agente causal principal de la misma a la corteza prefrontal del cerebro. Esta teoría es actualmente la más aceptada en el mundo neurocientífico. Nuestro conocimiento, y el poder intuitivo adquirido genéticamente, producto de la evolución humana, adquirido desde que somos un feto, y a lo largo de nuestra vida, nos hace ser seres conscientes.

En realidad, todas estas teorías que he explicado están llenas de muchas críticas.

Y no sé si alguna vez llegaremos a saber cuándo y cómo se originó la consciencia en los seres humanos, ni cuál es su mecanismo real de funcionamiento. Tampoco sé si eso a ti te importa o no; a mí no me importa mucho. Ni tampoco me importa mucho si esto de la consciencia es una cuestión más científica o filosófica, algo por lo que no dejan de discutir neurocientíficos y filósofos a lo largo de toda la historia de la humanidad.

Lo que sí me importa, y mucho, es ser consciente del uso que podemos hacer de la propia consciencia. Y no es un juego de palabras.

Lo que parece muy claro, y evidente para todos, es que es en el cerebro donde radica todo el proceso consciente. Y que es ahí, en el cerebro, con una intervención sobre el mismo, como la podemos anular, por ejemplo, con la anestesia, como ya os contaba al principio del capítulo, o como lo explicaba también en sus trabajos, publicados en el libro *La creación del yo*, del neurocientífico Anil Seth. La consciencia es, según él, la creación del yo.

Fritjof Capra, un físico de la Universidad de Viena, ha escrito un libro titulado *La trama de la vida*. En este trabajo explica que el grado de autoconsciencia de un organismo se basa en sus interacciones con el medio y la relación con su cerebro. Es decir, cada vez que percibimos algo, que sentimos, que vemos, que establecemos una relación, una conclusión, que aprendemos o experimentamos algo, nuestra consciencia se va edificando poco a poco.

Esta teoría, que es una variante de las del tercer tipo que hemos visto más arriba, incluye algo nuevo, y en mi opinión, muy importante: la consciencia se modifica con la participación del entorno, del ecosistema en el que vivimos. Algo que apoya la ciencia de la epigenética, tan en boga en estos tiempos.

Siguiendo estas nuevas aproximaciones epigenéticas de la consciencia podríamos aseverar que la **consciencia** es la capacidad del ser humano para percibir la realidad y reconocerse en ella. Sentirnos vivos en un determinado lugar y frente a todas las circunstancias que en el mismo existen.

Y, a partir de aquí, es desde donde empieza lo bueno, porque nos permite practicarlo para mejorar así nuestro ser consciente; y poder percibir la realidad, sentirnos, formar parte de ella.

Por lo tanto, consciencia es todo aquello que experimentamos.
Y también el cómo lo vivimos.

Consciencia es la placidez que nos aporta un abrazo, o la dulzura de un beso, el sabor amargo de un trago de vino agriado, la curiosidad ante lo desconocido, el sentirnos mojados al salir del mar, un dolor de muelas, el frescor del césped recién cortado…

Es también el miedo a morir, es la felicidad y la expectativa de esta, es la serenidad, son las emociones y el cómo las vivimos. Y todo. Añade, porque todo lo que sentimos o vivimos nos hace ser seres conscientes.

La consciencia ¡es todo!

Así la describió Descartes, quien se atrevió a situarla en la glándula pineal, algo que está muy denostado hoy por la comunidad científica.

Hoy en día, parece ser que el lugar donde se concentran todos los procesos que configuran nuestra consciencia son en realidad tres regiones cerebrales:

- El tegmento pontino dorsolateral rostral del tronco encefálico.
- La ínsula anterior ventral izquierda
- La corteza cingulada anterior pregenual.

Pero permíteme repetirme, a mí, aun gustándome mucho la neurociencia, para este manuscrito la verdad es que esta disciplina me da bastante igual (con permiso).

Lo que sí me importa que quede reflejado es que todo lo que nos acontece es consciencia, ya sean pensamientos, deseos, voluntades, reflexiones, emociones, sentimientos…

Es la propiedad más humana de la mente humana. (Redundancia consciente por parte del autor).

Y lo que realmente me parece más fascinante es la **consciencia del ser**. Es a esto a lo que podríamos llamar espiritualidad.

La espiritualidad es la evolución natural del ser humano. Nos viene dado, porque la consciencia se produce al ser conscientes de que somos. Y tiene una máxima que, para mí, en este momento de mi vida personal y de crecimiento espiritual, es lo más relevante de todo este tema sobre la consciencia. La máxima dice así:

CREER QUE ERES
LO QUE NO ERES
TE IMPIDE SER
LO QUE ERES
Ahora lo sé.
Y enciendo mi **luz.**

Nuestra forma habitual de estar en el mundo, distraídos con los problemas de cada día, tratando de huir del sufrimiento, buscando en el lugar equivocado, en el tener por tener, persiguiendo la felicidad edulcorada nos aleja de la simplicidad y del silencio interior (temas de los que hablaremos en otros capítulos de este libro). Y nos aleja también de la posibilidad de ser seres conscientes.

¿Habéis visto alguna vez a dos personas, sentadas una al lado de la otra, compartiendo un rato juntas? Ahora bien, cada una de ellas, móvil en mano, están atendiendo alarmas que avisan, notificaciones de las aplicaciones, leyendo correos... En esos momentos la presencia de una con otra es cero. Nula.

A este fenómeno se le conoce con el nombre de *phubbing,* mezcla de las palabras en inglés *phone* y *snubbing,* teléfono y despreciar. Como si el teléfono nos hiciera depreciar a nuestro compañero. Lo que desprecia a nuestro compañero es nuestra mala cabeza, la imposibilidad adquirida de estar en lo que estamos.

Vivimos distraídos, como dice mi amiga Karina Salas, idea que además forma parte de un proyecto compartido entre los dos; vivimos anestesiados.

Anestesia y consciencia no se llevan muy bien. Ya lo decíamos al principio de este capítulo.

La mente es un obstáculo cuando nos atrapa en sus redes, producto de sus creencias, y no nos permite vivir fuera de esa anestesia colectiva, adquirida, innecesaria. Vivimos atrapados de pensamientos, ideas, fantasías, emociones, sensaciones, estímulos externos y un largo etcétera, ecosistema en el que nos hemos acostumbrado a pensar que esa es nuestra realidad y la elevamos a nivel de la consciencia. Y a nivel de verdad absoluta. Cuando la diferencia principal entre consciencia y pensamiento es que la primera no es mental, no pertenece a las creencias, no se deja llevar por ellas. Y el pensamiento sí.

Al poner consciencia, elegimos nuestro modo de pensar, ponemos en tela de juicio todo lo que nuestra mente nos dicta. Y desde ahí decidimos.

Una práctica que nos permite mirar en la dirección adecuada, trabajando desde la consciencia, sin las interferencias de la mente, es la **meditación**.

Ahora la practico casi cada día.

Ahora lo sé.

Y me permite llevarme sus prácticas a mi día a día, ser más consciente de mis elecciones, de mis pensamientos, de cómo me siento, de vivir el presente, de estar donde estoy, y mucho más. Me ayuda en momentos donde necesito hacer uso de mi atención plena. Estoy agradecido al descubrimiento que, en mi vida, me ha supuesto practicar diariamente la meditación.

La meditación nos permite situar la atención en la propia conciencia, en el darnos cuenta.

Meditación y ATENCIÓN son conscientes de que viven juntas.

La práctica de la meditación es un estado de sabiduría profundo que nos conecta con la realidad. No va de dejar la mente en blanco ni chorradas por el estilo. Ahí comienza la espiritualidad.

El camino de la espiritualidad o descubrimiento de la consciencia es un camino largo. Para avanzar requiere de mucha perseverancia y de mucho compromiso con nosotros mismos, con los demás y con una forma de estar en la vida. Es de ahí de donde surge la determinación de desarrollar la atención plena, a mi modo de ver lo más necesario y valioso.

Nos concede el poder de la concentración, del discernimiento, de la verdadera empatía, de la gratitud, del perdón, de la compasión, de la desidentificación...

Al llevar estas cualidades a la vida cotidiana iremos encontrando un lugar donde vivir con mayor paz interior, viviremos con mayor serenidad ante cualquier circunstancia que la vida nos presente.

Será una forma de vivir la vida más desde el corazón, menos desde la mente. Con más amor incondicional.

Un lugar desde el que podremos mirar a la vida con los ojos del corazón.

Un auténtico regalo.

Y, para nada, hablando sobre esto, estoy posicionándome en un modo *happy flowers* de entender la vida. Eso es otra cosa. Esa felicidad que nos venden como un anuncio de publicidad o como una frase *misterwanderfulista* no es mi estilo ni de lo que estoy hablando…, sino una forma consciente de vivir. Nada más. Y nada menos.

Se trata de conseguir no vivir ni dormidos ni anestesiados. Desde hace tiempo suelo pensar mucho en todo esto. Vivir más conscientemente.

Ahora lo sé,
y lo hago.

SILENCIO

Siempre hacen más ruido
las latas vacías que las llenas.
Lo mismo ocurre con los cerebros.
Truman Capote

*No hay armas más eficaces
para apreciar la vida
que el silencio y la atención.*

Quien mucho dice
poco siente.
Dicho popular

Comencé a meditar hace años. Mi vida cambió, aunque desde fuera puede que no se vea la diferencia. El modo de entender lo que el silencio significa para mí también cambió.

Ahora lo sé.

Ahora, con mucha frecuencia, me pregunto si es mi mundo el que, a veces, está en modo frenético o es tan solo un producto de mi mente alborotada. Si lo que me respondo es que se trata de «mi mente», busco silencio, controlo mi respiración (*pranayama*), y a partir de ahí, todo cambia, toda gira hacia un estado de mayor paz.

Subestimamos el poder del silencio sobre el bienestar personal.
Y de la respiración.
El silencio como modo de silenciarnos es fundamental.

No es lo mismo estar en silencio, que sería estar callados, que utilizar el silencio para silenciarnos. En este último caso, quien se calla es nuestra mente, no la boca. Y, aquí, el control de la respiración ayuda mucho. Y practicar la meditación también.

El silencio es restaurador. Nos ayuda a resetear nuestra mente.

Es también el mejor calmante, nos facilita la introspección, el autoconocimiento, tan de moda, y la atención plena, no menos en boca de todos, así como la conexión con uno mismo.

Vivimos en un mundo lleno de ruido. Y, por lo tanto, de distracciones. Un mundo, en el que si algo sobra es el exceso de bullicio, externo e interno, en el que nos dejamos bombardear de información y estímulos.

El silencio en este mundo intenso nos permite desconectar de ese exceso de ruido y encontrar espacios de tranquilidad interior.

Es un provocador natural de descanso, una batería que nos recarga de energía, un oasis de paz en medio de la vorágine diaria.

El silencio es un recurso escaso, por lo que tiene que cultivarse.

Se entiende como una representación del vacío, de la nada. Vacío, entendido como el espacio dedicado a nosotros, que nos brinda la oportunidad de escuchar nuestras propias voces interiores, generador de un espacio de quietud en el que poder entendernos con nuestras sensaciones y emociones, también con los pensamientos y deseos más profundos.

El silencio nos permite claridad y sabiduría con las que poder tomar las mejores decisiones, especialmente en aquellas que son cuestiones de importancia.

Y, si hablamos de relaciones con otros, el silencio es la herramienta previa y necesaria para la escucha. No hay buena relación que se precie sin silencio por medio. Todos apreciamos una conversación que se sostiene con espacios para el silencio; cuando no tenemos nada que decir, que añadir, si hablamos en exceso, estaremos generando mensajes superficiales.

El silencio es el vehículo más importante
para la comunicación auténtica y profunda.

El silencio nos permite escuchar para entender, y no para responder, como solemos hacer la mayor parte del tiempo. Genera escucha apreciativa y generativa. En el libro *Cómo entrenar la mente* dediqué todo un capítulo a este tipo de escucha.

El silencio, bien entrenado, es el inhibidor más potente del ego, porque, para escuchar de verdad, lo difícil no es apagar las palabras, especialmente las que sobran, sino lo difícil es apagar el ego.

Por otra parte, en un mundo donde las reinas de la comunicación son las redes sociales, con una enorme sobreexposición, y de forma constante, el silencio puede ser un acto de resistencia. ¡Resistencia necesaria! O al menos, eso creo yo. Nos posibilita desconectar del ruido digital, tan cotidiano.

También centrarnos en el presente, en el momento, silenciando las distracciones externas constantes, disfrutando de la belleza de la vida sin filtros externos generadores de distracción.

Para aprovechar el poder del silencio es importante encontrar momentos en nuestra rutina diaria para desconectar y buscar quietud.

Yo, desde hace un tiempo, lo hago casi todos los días, varias veces. Empezando por la mañana, al levantarme, cuando empiezo con mis meditaciones, y con otro tipo de ejercicios físicos y cognitivos. Y, sin olvidar el resto del día, dedicando unos minutos a estar en silencio, con algunos ejercicios fáciles de respiración, escuchándome y haciendo pausas tranquilizadoras para encontrarme conmigo mismo.

A partir de ahí, el día, casi siempre, me va mucho mejor.

Como decía, entendemos el silencio como un vacío, como la nada, necesaria para entendernos con nosotros, para escucharnos. El silencio es un espacio lleno de potencialidades. Nos brinda la oportunidad de encontrarnos con nosotros, es un acto de respeto a nosotros mismos, de conectarnos con nuestra mente de forma consciente para así fortalecernos y fortalecer las relaciones con los demás.

Subestimamos el poder del silencio.

Es nuestro mejor aliado, una energía poderosa que nos ayuda a cambiarnos la vida, en una dirección más plena y consciente.

El silencio nos sana.
Nos centra.
Nos enseña.

Una pena, a mi entender, que en los colegios, de pequeños, no nos enseñen a practicar el arte del silencio, de la misma forma que nos enseñan matemáticas o lengua, sin duda asignaturas importantes.

Las personas no sabemos callar. ¡No nos enseñan!

No sabemos disfrutar del silencio, algo que no tiene precio. Por el contrario, parece mejor visto el exceso de ruido, continuo y rutinario.

La naturaleza, que es sabia, tiene espacios para el silencio, son sagrados. Los pájaros dejan de cantar en ciertos momentos. La brisa del mar deja de soplar. Y los grillos de cantar.

Vivimos en un mundo donde lo superficial es ruidoso.
Y lo ESENCIAL, por el contrario, requiere de silencio.

La contemplación, término del que hablaremos más adelante en otro capítulo, se alimenta del silencio. Es una habilidad esencial, por lo tanto, requiere de silencio.

Los grandes momentos de nuestra vida requieren de silencio.

El silencio es la base de la atención.

En un mundo distraído, y como decíamos anestesiado, debemos ofrecernos un poco de luz gracias al poder del silenciamiento.

Silenciarnos favorece, casi de forma automática, el poder de la atención plena.

La música, lenguaje universal, se expresa en función del silencio que precede al sonido, a la nota. El silencio en música tiene el mismo valor en tiempo que su figura correspondiente. El silencio de corchea vale igual que una corchea en términos de tiempo. Igual pasa con la blanca o con la redonda. El silencio en la música es, paradójicamente, elocuente, disfrutón, necesario, agradecido.

El ruido que no respeta el silencio es caótico, nos cansa.

Esta sociedad nuestra, a mi modo de ver, es más caótica de lo esperado, desordenada, fuera de tono, musicalmente hablando, porque lo que predomina es un exceso de ruido.

El ruido provoca interferencias.
El silencio, espacio para conectar. Para empezar. Y para continuar.

El silencio es superior a nuestros pensamientos, al ruido mental, a los pensamientos que vienen y van, que pasan como nubes en el cielo. La meditación y otros ejercicios de *mindfulness* nos lo enseñan bien.

Y su control, la capacidad de silenciarlos, sin juicio, dejándoles venir, así como ir.

El silencio nos predispone a la calma. Nos permite encontrar mejores ideas, ser más imaginativos, reflexionar, ser creativos.

El silencio nos hace fuertes frente a los que nos agreden con palabras desmesuradas, ofensivas. El silencio desarma al agresor, lo descoloca.

El silencio facilita el perdón, en todas las direcciones, con uno mismo y en las relaciones con los demás.

Las palabras no siempre expresan lo que estamos pensando. El silencio sí.

El silencio es la mejor plegaria. Es el camino de la divinidad, de la espiritualidad. Es el silencio interior, o silenciamiento, lo que nos hace fuertes.

Cultivar el arte del silencio, y además sin tener que estar haciendo nada, aunque sea un rato cada día, nos puede cambiar la vida, porque desde ahí podemos estar abiertos a lo nuevo, libres de condicionamientos del pasado, de estructuras rígidas de nuestra mente. Nos acerca a ver lo que antes no éramos capaces de ver. Nuevos puntos de vista. Y también nos facilita el descubrimiento de habilidades insospechadas que nos pertenecen y desconocíamos.

El silencio, aunque sea durante un pequeño espacio de tiempo, puede ser un paréntesis productivo.

Es el silenciamiento un agradable refugio personal.

El silencio es saludable. Vital.
Nos relaja. Nos da equilibrio mental. Nos armoniza.

Nos permite salir de la vida cotidiana llena de excesos de planificación, intentando que todo esté bajo control, de objetivos, de resultados que perseguir. Necesarios, lo sé, pero cansinos.

Nos ayuda a encontrar espontaneidad, a renovarnos, huyendo de las agendas llenas de todo y para todos, menos para nosotros.

Gracias al cultivo del silencio podemos empezar, aunque sea solo en algunos minutos del día, a vaciarnos por dentro y por fuera, aprendiendo a hacer todo más despacio, sin el apuro continuo de la presión que provoca el tiempo mal gestionado, sin horarios que presionan, sin fechas marcadas obligadas, sin las injerencias del todo para ya.

En mi caso, gracias a ciertos ejercicios que duran unos pocos minutos cada día y a la práctica de la meditación, consigo el resto del día cumplir con todas mis obligaciones con mucha más consciencia de cada instante. Soy hiperactivo, estoy en tantas cosas cada día, los que me conocen lo saben, que estas prácticas me ayudan mucho.

Yo también lo sé, también me conozco, pero aun así consigo cada día mi tiempo de silencio, acallar mi mente.

Por cierto, imaginarás que soy un tipo ocupado, y no te equivocas, pero nada que ver con hace unos años. He aprendido a parar varias veces a lo largo del día, y esto me va bien; tener pausas me ayuda a poner más atención en lo que tengo que hacer cuando tengo algo entre manos.

También he aprendido en estos años a dedicarme tiempos para no hacer. A parar la agenda.

Ahora lo sé hacer.

Se puede vivir más lentamente. Es necesario.

Y más silenciosamente.

Se puede vivir sin ser presos de intereses efímeros que nos confunden haciéndonos creer y sentir que así estamos vivos, siendo esto tan solo una trampa mental. Un autoengaño.

Puedo vivir sin estar todo el día enganchado a unos auriculares o a la pantalla de mi móvil, saltando de aplicación en aplicación. Engañándome a mí mismo, pensando que eso me hace más interesante, más activo, más feliz, más conectado con el mundo, más auténtico, cuando es todo lo contrario, me aleja más de mí. Y del mundo.

Muchos futurólogos, quizá con acierto, ya hablan de que el peor problema del futuro será la incapacidad del ser humano para estar en silencio, para prestar atención.

Tenemos un déficit grande de atención. Llega a ser preocupante, en mi modesta opinión. Vamos saltando de un mensaje en una red social a otro como el que come pipas, consumimos vídeos en TikTok con una mente desesperada, como si fuera una droga.

A muchas personas, a la mayoría, les cuesta leer un libro. Están acostumbradas a mensajes cortos, de 140 caracteres, la mayoría inútiles.

¿Es este el tipo de vida que queremos que se instale entre nosotros como un paradigma, como algo considerado normal?

¿Nos vale la pena una vida vivida con tanta prisa, bajo el yugo de la inmediatez estúpida?

No, no estoy en contra de las redes sociales, ni de que ciertos mensajes mejor que sean cortos, ni de perder el tiempo con lo que no lo merece, pero sí estoy en contra de no dedicar el tiempo necesario a lo que lo merece, de olvidar lo esencial de nuestra vida, como por ejemplo leer un buen libro, compartir sus citas o mantener una bonita e interesante conversación.

Se confunde ruido con ocio. Y así nos va...
Se confunde el silencio con el aburrimiento. Y así nos va...

Vivimos una época ruidosa. Y la tendencia va en aumento.

Nuestro cerebro no está biológicamente pensado para sostener tanta sobreestimulación. Y tan constante, continua. También, con tanto «ruido» estamos poniendo a prueba nuestro sistema vascular.

Quizá sea un momento evolutivo, de tránsito, de paso del ser humano, tal como nos conocemos, a la llamada transhumanidad.

Mientras tanto, como dice Dan Lyons en su libro *Cállate*: «Cerremos la puta boca». No por mí, sí por ti. Por tu bien. Aprendamos a callar y nos cambiará la vida. Nos hace más inteligentes, más simpáticos, más creativos, más poderosos...

El mundo está lleno de personas que hablamos más de la cuenta. Somos plaga, en la oficina, en los mercados, por la calle, en casa...

Vivimos en un mundo que frecuenta la locuacidad, donde parte de nuestro éxito se mide por la cuota de atención que conseguimos atraer, ganar, conseguir un millón de seguidores en Twitter nos convierte en persona influyente, o hacer un vídeo viral, participar en un TEDx o tener un pódcast. Sin embargo, muchas personas que, en mi opinión, disponen de una vida de verdadero éxito no tienen ningún tipo de interés por todo esto. En lugar de llamar la atención, se prestan atención, y es desde ahí desde donde alcanzan el verdadero éxito.

Habla menos, consigue más, al menos para ti.

Callarse debería ser lo más fácil del mundo, sin embargo, parece hipercomplejo. Sí, lo único que hay que hacer es nada, cerrar la boca, pues, al parecer, no hablar requiere de mucha concentración, paciencia, atención, respeto, humildad, contemplación, calma, compasión, meditación, serenidad… Vamos, que la cosa se pone mucho más compleja de lo que aparentemente parece.

El magnífico maestro, el sacerdote Pablo D´Ors, al que tanto admiro, escribió un libro fundamental sobre el silencio que te recomiendo encarecidamente, *Biografía del silencio*. Un libro ¡imprescindible! No puedes dejar de leerlo. Yo ya lo he leído, varias veces, y lo he recomendado y regalado sin cesar.

El silencio nos lleva a la luz, nos dice Pablo D´Ors. Tan de acuerdo con su sentencia, tanto contenido en tan pocas palabras.

Biografía del silencio termina con estas palabras de Pablo: «Si he escrito esta página es precisamente para aumentar mi fe en el silencio, por lo que lo más sensato es que deje ya las palabras y me lance, confiado, a ese océano oscuro y luminoso que es el silencio».

Haré caso al maestro y callaré ya. Daré paso al silencio que tiene mucho más valor que mis palabras.

Y así, desde el silenciamiento puede que se **encienda la luz**, título que puse a esta primera parte del libro.

Ahora toca poner esa **luz en movimiento**.

Vivir haciendo uso del silencio para silenciarme interiormente, aunque solo sea en pequeños fragmentos temporales de cada día, me hace sentir mejor, me ayuda en mi propia serenidad, en la contemplación, me ayuda a no tener que estar siempre con una mente en modo reflexión o en modo acción, cuando no es tiempo para ninguna de estas cosas, sino simplemente para el descanso, para no hacer nada, o para contemplar el momento.

AHORA LO SÉ.

Segunda parte
LUZ EN MOVIMIENTO

Un día, un maestro tibetano,
en una pizarra en blanco,
dibujó para sus discípulos
un pajarito estilizado.
Y preguntó: «¿Qué es esto?».
Todos describieron al pequeño pajarito.
Y el maestro, mientras sonreía, respondió:
«NO, se trata de un cielo inmenso.
Y, en este momento, pasaba un pájaro».

MOMENTOS OCEÁNICOS

¿Quién eres cuando nadie te ve?

Muy pronto en la vida
es demasiado tarde.
MARGUERITE DURAS

Yo necesito poco,
y este poco que necesito
es muy poco.
SAN FRANCISCO DE SALES

Cuando la vida te decepciona,
date un respiro.

Somos una vez en la vida.
Dicho popular

Leyendo el libro de Rosa Montero *El peligro de estar cuerda*, recordé este concepto, el de «**momento oceánico**», un término que inventó un escritor francés, Romain Rolland, premio Nobel de Literatura en 1915.

Rolland bautizó como «momentos oceánicos» a esos instantes de aguda y transcendente intensidad vital, esos momentos en los que perdemos el sentido del tiempo, cuando tu «yo» se borra y tu cuerpo se desvanece, cuando te crees formar parte de un universo más extenso; tu consciencia se junta con la consciencia del todo.

En esos espacios de tiempo, tal como decía Rolland, eres una gota que forma el océano. Y, de ahí, su nombre.

Son instantes místicos, en los que predomina la belleza.

Momentos agudos en intensidad en los que una persona
siente la felicidad verdadera sin tener que ponerle palabras.

Son sensaciones de bienestar pleno, instantes que nos sacan de la realidad en la que estamos, como cuando miramos una preciosa acuarela, momentos en los que nos quedamos en un estado como de amor al arte. Situaciones oceánicas, como al besarnos, con un beso de esos que se sienten de verdad, duradero, amoroso, notando los labios aterciopelados de la otra persona, su olor. O cuando contemplamos un espacio natural, sentados a la ladera de una montaña, o frente a un río. O cuando ponemos un vinilo, de esos tan especiales que guardamos con tanto esmero, y escuchamos esa música tan especial que nos acerca mentalmente a aquellos recuerdos inolvidables, o cuando el sonido de un piano nos envuelve. O durante ese tiempo que pasamos leyendo un buen libro, historia ficticia que nos lleva a vivir una aventura que, no siendo nuestra, nos hace parecer que somos el protagonista. O con una película emocionante, o con un abrazo de esos que podrían extenderse por tiempo infinito, esos con los que sentimos el corazón ajeno. O, simplemente, a través de una mirada cómplice de esas que no tienen prisa en huir de los ojos del otro. O gracias al sentido del tacto, cuando nos tocamos, al coger la mano del abuelo, o con esa caricia delicada de nuestra mano en el rostro de una persona amada…

En todo caso, momentos muy especiales, oceánicos; instantes que, aun repetidos durante muchas veces en nuestra vida, cada uno de ellos los sentimos como únicos. Situaciones que nos sacan una leve sonrisa, que ponen nuestra mirada en modo infinito.

Son momentos en los que la percepción natural se altera. Y, como decíamos, el tiempo parece no pasar.

En esos momentos, a veces tan solo segundos, podemos sentirnos al borde de una gran revelación, y solemos estar sin estar en nosotros.

A estos momentos oceánicos los japoneses les llaman «*satori*». Es la posición mental más importante en la llamada filosofía zen. Encarna el espíritu meditativo en su potencia mayor.

Hace años, sin conocer todavía el concepto de «momento oceánico», dediqué un post en mi blog a este concepto japonés del *satori*.

Satori son momentos de máxima atención, instantes que los

japoneses llaman de «no mente», de presencia total, de estar en lo que estás. Y su significado directo, su traducción, es el de «iluminación».

Diríamos que en esos momentos nos encendemos.
Nos iluminamos.
Ponemos nuestra luz en movimiento.

Los chinos al *satori* le llaman «*wu*».

El *satori*, o los momentos *wu* en China, son momentos absolutamente imprescindibles en las culturas orientales, desde ahí ellos buscan encontrar la iluminación, sinónimo podríamos decir de lo que en Occidente nos gusta llamar el desarrollo personal o espiritualidad.

No sé por qué últimamente me siento más cómodo llamándole **«iluminación»**. Encender la luz. Ponerla en movimiento.

Los momentos oceánicos suelen durar poco tiempo, sin embargo parecen eternos. Y se dice que son experiencias de comprensión profunda y directa de la naturaleza de las cosas, una fusión con la realidad, más allá de las limitaciones de la mente y del ego. En ellos, se experimenta una sensación de unidad y transcendencia con el fenómeno que se está viviendo, liberándose de las ilusiones creadas por la mente, de los apegos y de las creencias que generan sufrimiento.

Y es frecuente que surja una pregunta al hablar de estos momentos *satori*: ¿Se pueden provocar estos momentos oceánicos desde nuestra voluntad, sin esperar a que sucedan azarosamente? ¿Podemos crear momentos en los que seamos gota de agua en el océano?

La respuesta es «sí», aunque no siempre, no con cada momento vital que tenemos. No para todo. No con todo ☹.

La meditación y las técnicas de *mindfulness* nos ayudan en este viaje de mejora personal, y también en la creación de más momentos oceánicos. Conseguimos más *satori*, instantes de placer intenso, de disfrute total sobre lo que estamos viviendo, si preparamos la mente para vivir cada instante, con aquello en lo que estamos y no en continuo viaje de un lugar a otro, dando saltos de pensamiento, poco atenta a lo que está pasando.

Santa Teresa de Jesús llamaba a ese estado, un torbellino de pensamientos, con el nombre de «la caja de grillos».

Los tibetanos le llaman «la mente de mono», refiriéndose a esa mente alterada, estresada, que quiere estar en varios lugares a la vez, una mente preocupada, ansiosa por lo que todavía no ha llegado, o cabizbaja y angustiada por lo que ya pasó.

De esta mente de mono volveré a hablar al final del libro, en la parte dedicada a gotas de luz.

Ahora lo sé.

Sé la importancia de aprovechar y crear momentos oceánicos, y lo que nos reporta en términos de bienestar espiritual y emocional.

Ahora los vivo en muchas más ocasiones. Siempre que puedo, en algunos instantes cada día.

¡Ay!, si aprendiéramos a valorar lo simple, a convertir cada instante en un instante único, especial, sublime. Sin embargo, muy pocas veces somos conscientes de que la vida vive en nuestras decisiones, en hacer o dejar de hacer, en ir o no ir, en estar presentes o no estarlo, en cómo nos relacionamos con cada instante en el que estamos vivos, de verdad, despiertos.

No somos conscientes de que la vida está en nuestras manos, y la dejamos ir. No la disfrutamos, no le sacamos el mayor de los partidos.

A veces, tan solo necesitamos entender que el «yo» no es nada sin el «ser». Por lo tanto, uno no es si no vive; solo se es cuando se vive.

Nuestro deber es aprovechar el tiempo que se nos ha concedido, porque, sin darnos casi cuenta, un día ya no nos quedará nada, no estaremos.

Este tiempo es finito. La vida tiene fecha de caducidad. Se está consumiendo; y que se consuma de una forma u otra depende, en gran medida, de lo que decidimos y hacemos nosotros con ella.

Tan sencillo de entender, y tan complejo de hacer.

No sé tú, yo quiero engancharme a cada momento presente como si no hubiese un futuro. Y si puedo, convertirlo en un **momento oceánico**.

Ahora lo sé.
Ahora no pienso dejarlos escapar.
Ahora no me los quiero perder.

APRENDER DEL TITANIC

Si de noche lloras por el sol,
las lágrimas no te dejarán ver las estrellas.
RABINDRANATH TAGORE

Creo firmemente que la vida
es un regalo,
y no pienso desperdiciarlo.
Jack en *Titanic*

La metáfora del Titanic se la oí por primera vez al psiquiatra Luis Rojas Marcos, aunque luego descubrí que es una técnica que se utiliza en psicología con pacientes en los que se busca restablecer el equilibrio emocional. Con esta metáfora del Titanic, se explica de una forma muy eficaz y sencilla cómo poder llevarnos bien ante una adversidad que llega a nuestra vida, o con circunstancias que nos producen desasosiego, malestar, desavenencia que, como dice el doctor Rojas Marcos, «oscurecen nuestra satisfacción con la vida cotidiana».

Para protegernos de las tragedias, adversidades, sería bueno diversificar y compartimentar nuestras diferentes parcelas de la vida. Dicho de otra forma, poder tener diferentes modos de vivir bien, de sentirnos satisfechos, de gozar, de obtener placer... Y no tener nuestro entorno centrado en un único compartimento, ya que, si este por cualquier motivo se desmorona, nos sentiremos huérfanos y será difícil recuperarnos emocionalmente.

«No ir a tiro único», diríamos. No concentrar el placer o los goces de la vida en una sola estancia.

Compartimentar y tener claro cuáles son todas nuestras parcelas vitales, todas las que tengamos disponibles, nos ayudará a acercarnos más a nuestro bienestar personal.

Lo mismo que un inversor no colocaría todo su capital en un solo negocio, no nos conviene depender de una sola fuente de energía vitalizante para alcanzar nuestro bienestar.

La metáfora del Titanic se aplica muy bien para describir esta recomendación que nos da el famoso psiquiatra, porque este transatlántico que parecía indestructible se hundió el 14 de abril de 1912 al chocar con un iceberg, y al parecer, según nos cuenta la historia y opinan los expertos en navegación, ocurrió porque este gran buque no estaba parcelado. Carecía de compartimentos estancos separados unos de otros, de ahí que el torrente de agua lo invadió de arriba abajo, de un lado a otro, destruyéndolo rápidamente de dentro afuera.

Rojas Marcos nos recomienda que nosotros, a nivel personal, vital, no caigamos en el efecto Titanic; teniendo todos nuestros compartimentos vitales enlazados estaremos en mayor riesgo de desequilibrio emocional. Por el contrario, si los compartimentos vitales de los que dependemos los tenemos estancos, podremos salir más fácilmente ante una adversidad o un infortunio. Tenemos que ser conscientes de que, nos guste o no, a lo largo de nuestro viaje, el de la vida, nos encontraremos con varios importantes icebergs.

Las personas que tienen varias vidas en una, que tienen compartimentos estancos, que saben separar las satisfacciones profesionales de las familiares, los amigos de los compañeros, la pareja o parejas de los amigos, etcétera, suelen hacer frente, en general, de mejor forma a las adversidades. Y, aunque dolorosas, viven mejor las adversidades.

Disfrutar de diferentes parcelas de la vida de modo separado es una buena idea ante los contratiempos.

Según este doctor, mezclar familia, amigos, compañeros de trabajo, ocio en una única parcela, aunque sea gratificante, suele ser más peligroso.

Es el concepto tan archiconocido, popular, de no poner todos los huevos en una misma cesta. O lo de no jugarlo todo a una sola carta.

Te dejo aquí el dibujo del barco que los psicólogos suelen utilizar en consulta con sus pacientes.

Verás el primer barco sin varios compartimentos. Como ves, hay uno solo. Metafóricamente representaría la vida en toda su dimensión, todo lo ancha que en sí misma es, todo junto, en un *totum revolutum*. Este tipo de barco, de compartimento único, ante un iceberg, una adversidad, saldrá muy perjudicado, todo se inundará rápidamente, desaparecerá bajo el mar.

Vivir la vida como este barco es más peligroso emocionalmente. Cuando algo se rompe, todo se rompe.

Caer en la exageración emocional y en la generalización es muy frecuente, cuando muchas veces se trata solamente de habernos encontrado en nuestro camino un pequeño iceberg.

El segundo dibujo, que puedes ver a continuación, nos permite ver el mismo barco, la misma vida, pero compartimentado. Este es un barco resistente ante adversidades. Los compartimentos internos no evitarán el dolor que producirá una determinada injusticia o adversidad en uno de ellos, pero no se inundará todo el barco. No nos hundiremos totalmente. El roto, el espacio interno dañado, será más fácilmente reparado. Recuperaremos antes y de mejor forma el equilibrio personal.

Podremos acogernos a otros compartimentos, otro tipo de actividades, a otras personas, a otros objetivos o metas que nos sanen los daños producidos en el área de nuestra vida que se ha lastimado.

Diversificar las diferentes áreas de nuestra vida, separarlas, crear límites entre ellas es muy bueno para equilibrarnos emocionalmente.

Te dejo más abajo el dibujo de un tercer barco con un ejemplo de diferentes compartimentos. Pueden ser estos u otros. Es tan solo un ejemplo. En consulta, cada paciente, o en coaching, cada *coachee*, debe rellenar los suyos para luego ver cómo tratar cada uno de ellos, qué limites poner entre ellos, qué dimensión tiene cada uno de ellos… En cualquier caso, siempre con el objetivo de que finalmente su vida no dependa tan solo de uno, o de muy pocos compartimentos.

A los compartimentos de la metáfora del barco los llamamos «**estados vitales**». Tener nuestros estados vitales bien equilibrados nos hace disfrutar de una vida más saludable, sentir bienestar.

Los estados vitales más comunes en donde debemos poner equilibrio son: salud, familia, amigos, trabajo, hobbies, tiempo para uno mismo.

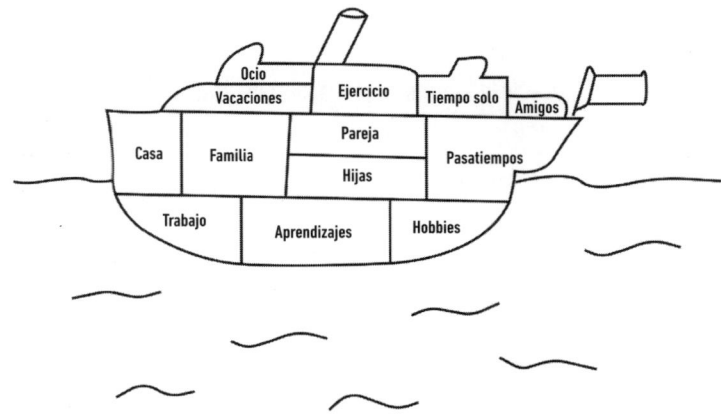

Deberíamos diversificar y compartimentar nuestras fuentes de apoyo. Los hombros en los que llorar. Y también los abrazos con los que gozar.

Así, ante un duro golpe, podremos compensarlo con la gratificación que nos puedan producir esos otros espacios vitales. Y no nos hundiremos de forma total, como le pasó al Titanic.

Es conveniente diversificar y proteger las diferentes fuentes que nutren nuestra vida, muestra dicha, para así contar con una base de apoyo mayor, más amplia en momentos difíciles o en momentos de inseguridad, incertidumbre o dolor.

«La conveniencia de diversificar y compartimentar nuestras parcelas de gratificación se hace especialmente evidente en esos tiempos de incertidumbre y vulnerabilidad que conmocionan la vida cotidiana», en palabras del psiquiatra Luis Rojas Marcos.

Imagina, además, aprender y practicar también la diversificación con los pequeños placeres cotidianos: cuidar el rosal del jardín, jugar un partido de tenis y sudar la camiseta, leer un libro divertido, hacer una excursión por la ladera de un monte, sentir el agua de la piscina, saborear una jugosa pizza...

Ojalá aprendiéramos a disfrutar de las pequeñas conquistas cotidianas, de todas ellas, de los instantes en los que nuestra **luz se pone en movimiento**.

Estas pequeñas cosas, al final del día, son las que generalmente nos deparan más alegrías, muchas más incluso que los grandes logros o que los momentos excepcionales, que suelen ser muchos menos.

Yo lo intento cada día, porque **ahora lo sé**.

LOS OPUESTOS

Yo era un ser de luz,
hasta que saltaron los plomos.

La vida se presenta en modo opuestos. Y si no somos conscientes de ello, no podremos encontrar la gama de grises, tan útiles en tantas ocasiones. Viviremos en blanco y negro, por cierto, el primero de los opuestos.

Solemos tomar decisiones, y valorarlas, en modo elegir entre un par de ideas. Y si ahí centramos nuestra mente decisoria, no sabremos qué podemos estar perdiéndonos. La mayor parte de las veces decidimos entre una cosa y su contraria, como si no existieran para todo más de una razón y sus contrarias. Lo cual, entre otras cosas, nos acerca a discusiones con otros que están cargadas de todo, menos de eso, de razón 😃.

Todas las dimensiones espaciales y direccionales son opuestas: arriba y abajo, dentro y fuera, alto y bajo, corto y largo, sur y norte, este y oeste, grande y pequeño, aquí y allá, cima y fondo, derecha e izquierda...

Y pasa igual con otras cosas muy importantes en nuestra vida, para empezar vida y muerte, placer y dolor, bien y mal, libertad y esclavitud, éxito y fracaso, bello y feo, sufrir y gozar, fuerte y débil, inteligente y estúpido, verdadero y falso, ser y no ser, justo e injusto, apariencia y realidad, moral e inmoral, material y espiritual, y un largo etcétera.

Sin embargo, para la naturaleza no humana no hay dualidad entre opuestos. Aunque haya árboles grandes y pequeños, o vacas gordas y flacas, ellas no lo saben, no lo ven, no lo sienten, no les dan importancia.

Es el juicio dual, propio del ser humano, el que califica, el que determina, el que nombra, el que etiqueta...

Tan solo la naturaleza humana, que vive entre opuestos, es capaz de juzgar desde ahí, sin ver el lugar intermedio, el gran espacio que suele existir entre dos razones, la dimensión gigante que hay entre un estado y su opuesto. No me digáis que no es curioso.

Por eso Thoreau decía que la naturaleza jamás tiene que disculparse, no lo hace porque ignora la posición entre error y acierto. Otra dualidad.

La naturaleza, excepto los humanos, no reconoce las diferencias duales.

Y por eso, si a un perro le duele, ladra, pero si no le duele, no ladra, se despreocupa del dolor. No se angustia por si en algún momento futuro le puede doler. No ladra antes de hora. Tampoco se queja del dolor que tuvo ayer, ya es pasado. Pero las personas…

En la naturaleza no humana no hay dualidad, y por eso todo parece más simple, más natural. Y es que la naturaleza no humana es más despierta de lo que creemos y quizá deberíamos atenderla más, escucharla, aprender de ella.

Un manzano no se preocupa de saber por qué es manzano y no limonero, simplemente da manzanas y ya está.

La dualidad mental, los opuestos, forman parte de nuestra consciencia.

Y nos hacen a las personas seres diferentes, para lo bueno y para lo que no es tan deseable.

La naturaleza dual nos ha permitido etiquetar, nombrar, definir y juzgar. No está mal, ya que esto, entre otras cualidades, es lo que nos hace humanos. Pero también tiene su contraria, el lado oscuro. Ese lado que nos hace a veces sufrir, no distinguir que, entre una posición y otra, pueden existir una infinitud de posibilidades. Y que tu lugar y el mío pueden cohabitar, tus intereses y los míos pueden sumar o crear un interés superior para ambos.

Dice el sabio chino Lao Tse:

> ¿Hay diferencia entre el sí y el no?
> ¿Hay diferencia entre el bien y el mal?
> ¿Tener y no tener nacen juntos?
> ¿Difícil y fácil se complementan?
> ¿Entre largo y corto hay contraste?

¿Alto y bajo, uno a otro, se apoyan?
¿El frente y el dorso se siguen?

Y sigue:

Así que quienes dicen que quisieran tener lo justo sin su concepto correlativo, lo injusto, o el buen gobierno sin el suyo, el desgobierno, no captan los grandes principios del universo ni la naturaleza de la creación humana. No entienden el cielo y la tierra.

No se puede entender lo positivo sin conocer lo negativo.
Toda luna tiene dos caras, cual moneda. Una sin la otra no existiría.
Todos tenemos que pasar por sombras para encontrar la luz.
Si no hay una razón, no hay otra.
Sin embargo, seguimos queriendo luchar, con la máxima energía, por tener razón, en lugar de intentar comprender su contraria. Valorarla. Darle crédito, concederle su permiso, su espacio.
Creo que no ganamos tanto persiguiendo siempre la razón. La nuestra. Ganamos más entendiendo las razones. Las de los demás. Y encontrando la conexión entre los intereses diversos.
Una razón sin la otra no existe. Como no existe el negro sin el blanco.
O como el reposo que para existir necesita del movimiento. Necesita a su contrario. A algo que llamamos «claro», lo etiquetamos así, lo es porque se destaca en contraste con un fondo oscuro o por comparación con algo oscuro.

Así es todo en la vida. Todo existe porque existe su contrario.
Ver y entender las dos partes nos hace más fuertes.

Si incluso la añeja separación entre masa y energía se desvaneció con la teoría de la relatividad de Einstein y con su famosa ecuación
Todas las partes forman la realidad, no solo los opuestos.
El arcoíris es una luz blanca descompuesta, y ahí contiene todos los colores.

Todo sobre lo que aplicamos nuestro juicio, normalmente para defender nuestra razón, no es más que la defensa de una parte que conforma una misma realidad, o verdad. Un todo.

Quizá es hora de comprender que la vida humana está diseñada para crear, identificar y etiquetar realidades opuestas, con el fin de disponer de un mundo menos frustrante.

Y es gracias a ello como podemos, por ejemplo, sentir placer, gracias a que también conocemos el dolor.

Ahora lo sé.

Y me es fácil entender una discusión. Ver los otros puntos de vista. Comprender la dualidad y desde ahí construir el espacio común. Buscar, cuando se puede, la gama de grises.

O los diferentes colores, como el arcoíris que nos regala una bonita gama.

Dijo Jesús:

Cuando hagáis de los dos uno,
y cuando hagáis lo de dentro como lo de fuera
y lo de fuera como lo de dentro,
y el arriba como el abajo,
y cuando hagáis a la hembra y al varón uno solo,
entonces entraréis en el Reino.

EVANGELIO DE SANTO TOMÁS

Y es que quizá el verdadero reino, el llamado cielo, es un estado de entendimiento que se alcanza al salir de la dualidad.

El reino pertenecería a la «no-dualidad».

Desde ahí es más fácil poner nuestra **luz en movimiento**.

VERSIONES

No trates de enseñar a un cerdo a cantar;
solo conseguirás desperdiciar tu tiempo
e irritarás al animal.
ANTHONY DE MELLO

*Nos enamoramos del drama,
y eso nos atrapa.*

Yo
Mí
Me
Conmigo

El bosque era mi casa, yo vivía ahí y cuidaba de él. Siempre intenté mantenerlo limpio, bonito.

Un día muy soleado, mientras recogía hojarasca, oí un ruido provocado por unos pasos, di un salto y me escondí detrás de un árbol. En ese momento, vi a una niña que traía consigo una cesta. Sospeché de ella porque iba vestida de una manera ridícula, toda de rojo, con una caperuza roja, tapada como si ocultara algo, como si quisiera que nadie la reconociera. Al principio, tengo que deciros que me asusté.

Pero luego, me detuve para averiguar quién era y dónde iba. Se lo pregunté. Me contó que iba a ver a su abuela para llevarle comida. Me convenció de que estaba haciendo un acto de bondad y de que era honesta.

En cualquier caso, era una extraña en mi bosque, además vestida así, con esa caperuza tan rara, me pareció que debía enseñarle lo peligroso que para una niña es el bosque, especialmente yendo sola.

Una vez le conté los peligros de estar sola en el bosque, decidí dejar que siguiera por su camino, y yo me adelanté por un camino más corto hasta la casa de abuela, para ver si no me engañaba, si todo estaba en orden, tal como me había contado.

Es entonces cuando vi a aquella amable viejecita, a la que le expliqué mi inquietud sobre su nieta; ella estuvo de acuerdo en que ese bosque no era lugar seguro para la niña, y mucho menos vestida así, que ni su abuela sabía por qué se ponía ese traje rojo, llamativo, y esa caperuza.

Con lo cual, juntos, su abuela y yo, decidimos darle una lección. La abuela se escondería bajo la cama hasta que ella llamara a la puerta, y yo me acostaría en su cama disfrazado con la ropa de la abuelita.

Cuando llegó, la invité a entrar y a hablar conmigo, haciéndome pasar por su abuela. La niña lo primero que hizo fue ponerse muy antipática, metiéndose con mis grandes orejas, me insultó; por eso yo le dije que mis grandes orejas me servían para oír mejor.

Luego hizo otro comentario sobre mis ojos saltones. Ya, con esto me pareció que se estaba pasando. Y le dije que mis ojos saltones me servían para ver mejor. Y no paró, me dijo que mis dientes eran muy grandes, lo cual me sacó de quicio. Debí haberme controlado, pero no pude, así que salté de la cama y le dije gruñendo, tan solo para asustarla, que mis dientes me servirían para comérmela mejor.

La niña no entendió la broma y se asustó.

Ahora bien, ningún lobo, yo tampoco, se comería a una niña. Pero ella empezó a correr por la casa como una loca. No dejaba de gritar. Y yo corriendo detrás de ella para tranquilizarla. Me quité la ropa de la abuela, y todavía fue peor; al verme gritaba mucho más.

De repente, se abrió la puerta de la casa y apareció un guardabosques con un hacha. Yo salté por la venta y salí por patas, corriendo, adentrándome en el bosque, realmente muy asustado.

Además, me sorprendió saber, tiempo después, que aquella abuela nunca contó mi versión, la que los dos habíamos creado para dar una sorpresa a su nieta. Por el contrario, se difundió la voz de que yo era un lobo malvado, antipático y maltratador de niñas. Desde entonces, todo el mundo empezó a evitarme y a tenerme miedo.

Nunca más supe nada de aquella niña que vestía de una ridícula forma, con una caperuza roja.

Qué diferente cuando el cuento lo cuenta el lobo desde su perspectiva.

Por cierto, ¿cómo sería el mismo cuento contado por la abuela? No estaría mal saberlo...

**El cómo te cuentes el cuento cambia el cuento.
El cómo se lo cuentes a los demás también lo cambia.**

También quién te cuente el cuento cambia la historia con relación a cómo esa persona lo ha vivido. Depende de quién lo viva, y de cómo se lo cuente a uno mismo, así lo contará a los demás, de una forma o de otra. Todo tiene dos o más versiones.

Así que cuando te cuentes una historia, o te la cuenten, intenta conocer las diferentes versiones o, si no, al menos no hagas un juicio rápido de lo que te cuentan, o de lo que te estás contando tú, porque es probable que solamente estés viendo una parte de la realidad.

Ahora lo sé.

Y ahora, cada vez que puedo, intento comprender la visión del otro lado. Aun así, muchas veces me equivoco.

Y he de reconocer que con ciertas personas me cuesta más que con otras. Pero he aprendido mucho con el paso del tiempo y con las experiencias vividas, mías y de otros.

He aprendido lo más fundamental: a acoger lo que me cuentan, sin ponerle mi propia carga intelectual ni emocional. Esto no me hace más débil, me genera fortaleza.

La «verdad» es un acontecimiento interpersonal, no individual. No existe una única verdad, y precisamente que sea la nuestra.

Si podemos distinguir que hay múltiples verdades sobre una misma realidad, avanzaremos mucho en el territorio del crecimiento individual, nos iluminaremos. Pondremos nuestra **luz en movimiento**.

Hacerlo bien nos evitará el narcisismo, en sus tres formas provocativas del ego: el **egoísmo**, en el que todo lo que es lo es porque es bueno para uno mismo; el **egocentrismo**, donde todo gira alrededor de mí; y la **egolatría**, donde me amo, me admiro de forma excesiva y estoy encantado de haberme conocido.

SER AMABLE

Es maravilloso ser importante,
pero es mucho más importante
ser maravilloso.
JOHN MILTON

Me gustaría pasar el resto de mi vida
con personas que no me necesiten para nada,
pero que me quieran para todo.
MARIO BENEDETTI

Salimos a un muerto por persona.
Solemos olvidarlo.

Qué bonito puede ser un día
cuando lo amabilidad lo toca.
GEORGES ELLISTON

Afectuoso, cariñoso, gentil, cortés, servicial, dulce, afable, bondadoso, amigable, considerado, generoso, compasivo, altruista, bienaventurado, cordial con los demás, así se define la amabilidad.

Cualidad de **ser amable**.

Cuando llegó el tren a la estación de destino, ayudaste a ese viejecito a bajar la maleta grande y pesada del vagón al andén, fuiste amable.

Cuando dejaste, en aquel semáforo en el que estabas parado, pasar a ese coche que estaba junto a ti, sin hacer sonar el claxon, con la mejor de tus sonrisas, y porque parecía que él tenía más prisa que tú, fuiste amable.

O, quizá fue ese otro día, en la cola del supermercado cuando fuiste amable. Si aquel día en el aparcamiento dejaste tu tíquet de parking a otro usuario porque no había acabado su tiempo de uso, en lugar de tirarlo a la papelera o llevártelo contigo para nada, fuiste amable.

Y es que, igual ya lo sabes, por tus propias vivencias, pero la amabilidad real está en las pequeñas cosas. Y tiene una gran eficacia en lo que podríamos llamar su reflejo sobre uno mismo, en modo espejo: al hacer sentir bien a otros, nos sentimos bien nosotros.

La ira nos estresa. La rabia nos cambia el gesto. El odio nos encoge. La amabilidad nos genera energía positiva, tranquilidad mental, paz.

Fantásticos efectos secundarios.

Ser amable, ser bondadoso, es bueno para la salud.

La empatía es beneficiosa porque nos hace sentir y compartir lo que otros sienten. Nos predispone a que podamos ponernos en su lugar.

La compasión va más allá. La compasión a la empatía le añade el deseo de liberar de sufrimiento al otro. La compasión suma la voluntad de ayudar. La compasión es una actitud activa o no es real. Nace para la acción.

La bondad es el modo de relación más sincero con los demás, que se nutre de la compasión, está íntimamente ligada a ella, contiene la empatía comprensiva y la necesidad de ayudar a los demás.

Empatía, compasión y amabilidad, el trío de ases ganadores en todas las partidas, el juego de cartas que nos hace sentir mejor. Y, lo más importante, que nos sitúa en un modo de relación con los demás auténtico y generador de buen rollo.

Es sano ser amable. Para uno mismo, y para con los otros.

En un estudio llevado a cabo en la Universidad de York, en el Reino Unido, 719 personas fueron distribuidas en dos grupos. A uno de los grupos se le pidió que, durante una semana, llevara a cabo acciones compasivas con personas que estaban de un modo u otro sufriendo; al otro grupo no se le pidió nada especial, simplemente que siguiera su vida normal, así sería el grupo control.

A todos ellos, vía test, y antes de empezar la semana, se les midió su grado de autoestima. Es decir, qué valoración tenían sobre ellos mismos.

Algunas de las acciones bondadosas que se le había pedido al grupo uno eran tan sencillas como visitar a ancianos que vivían solos, a enfermos en sus casas o en el hospital, ayudar a mendigos en las calles de la ciudad, dar los buenos días con una sonrisa no impostada, sino real, invitar a un café caliente a una persona que estuviese pidiendo en la calle, rezar por otros que lo estuviesen pasando mal, y así un largo etcétera.

Los psicólogos que participaron en el estudio observaron que, pasada esa semana, y durante un periodo de seis meses siguientes, aquellos que habían practicado con intensidad la benevolencia y la compasión en esa semana vivieron secuencias o instantes de desbordante felicidad; así lo reflejaban los cuadernos de notas en los que se les pedía diariamente que escribiesen sus experiencias vitales. También se observó, y se pudo comprobar con diferentes tipologías de pruebas psicológicas, que la autoestima de todos ellos había crecido significativamente, en porcentajes de un 80 por ciento sobre la medición antes de empezar el estudio.

En el grupo dos, los resultados tomados antes y después del estudio, durante los mismos seis meses, no cambió.

Y es que SER BONDADOSOS mejora la autovaloración que hacemos de nosotros mismos. Mejora la autoempatía o comprensión de nuestros propios actos. También mejora la contracción muscular en nuestro rostro y la corporalidad en general. Curioso cómo algo tan sencillo como hacer el bien a otros mejora nuestro organismo y nuestra calidad de vida.

Sobre esto hay numerosos estudios publicados. Recomiendo al lector los que el doctor David Hamilton ha llevado a cabo y que tiene publicados en su libro *Los cinco beneficios de ser amable*.

La amabilidad nos hace más felices.
La amabilidad nos hace estar más sanos.
Retrasa el envejecimiento.
Mejora nuestras relaciones.
Nos hace estar dispuestos a ser más agradecidos.
Y, además, es contagiosa.

Deberíamos permitirnos cada día practicar pequeños actos de bondad.

Hay mucho por hacer en este campo por parte de todos. Todo el mundo puede ser un héroe cotidiano en este sentido. A veces es suficiente con una tarjeta de agradecimiento, con un abrazo inesperado o con un golpecito en el hombro.

«Adonde quiera que vayas, ve con todo tu corazón», nos decía Confucio.

¿Tanto nos cuesta? ¿Tan difícil es? ¿Por qué?

La amabilidad puede dibujar sonrisas en el rostro de los demás. Y también en quien la otorga.

La amabilidad ayuda a aliviar los estados de ánimo dolidos, mejora la ansiedad y la depresión.

Muchos estudios demuestran que la bondad es buena para la salud. Provoca cambios físicos en el cerebro: aumenta, entre otros, los niveles de la hormona serotonina, un antidepresivo natural.

Y también aumenta la hormona del amor, la oxitocina, tan positiva en sangre a la hora de favorecer el ritmo cardiaco y limpiar las arterias.

Por el contrario, la bondad y el agradecimiento disminuyen los niveles de cortisol, hormona nefasta, provocadora de estrés crónico y daño arterial cuando sus niveles están sobrepasados; y si, además, este químico permanece mucho tiempo en nuestra sangre, el daño será terrible.

También a la oxitocina se le conoce como hormona de la vinculación, genera vínculos entre personas. Por eso es la hormona estrella tras el parto entre la madre y su bebé, responsable de la generación de vínculos maternofiliales.

Son hormonas cardioprotectoras.

La bondad, por tanto, es una cualidad con carácter cardioprotector.

Nada despreciable, nos ayuda a cuidar nuestra propia salud.

A todas estas hormonas le he dedicado un capítulo un poco más adelante en este libro. Lo merecían. Os hablaré del «cuarteto del bienestar emocional».

Roseto es una ciudad de Pensilvania, en Estados Unidos, el país del mundo donde más accidentes cardiovasculares se producen. Sin embargo, algo extraño pasaba en Roseto, porque, en un estudio que se llevó a cabo entre la década de los años sesenta y setenta, se observó que ningún ciudadano allí tuvo un problema de salud cardiovascular. Fue un hallazgo sorprendente.

Científicos de todo el mundo estudiaron durante años las propiedades del agua de esa ciudad, la dieta, las condiciones atmosféricas y climáticas... buscando el factor responsable de tal maravillosa salud de los ciudadanos de Roseto.

Pero no encontraron nada, ninguna razón para demostrar por qué estaban sus ciudadanos tan sanos.

Después de años, y de muchas investigaciones exhaustivas, comprobaron que la protección cardiaca que tenían estos ciudadanos era debida a que los vínculos entre todos los paisanos eran sumamente estrechos. Se estimaban de una forma absolutamente inusual comparado con el resto de las ciudades de los alrededores, y en general de Estados Unidos.

Los expertos llegaron a decir que esos vínculos relacionales eran exageradamente estrechos. Roseto era una comunidad ciudadana muy unida, siempre buscaban ayudarse unos a otros. Numerosas acciones lo contrastaban.

Los psicólogos lo llamaron «efecto prosocial positivo». Y lo definieron como el conjunto de acciones que una persona lleva a cabo para beneficiar a otras personas, a través de la bondad, de la cooperación, de la generosidad, de la ayuda...

Ese efecto hacía que mejorase la salud, especialmente en ese caso estudiado, la relacionada con el corazón.

En otro estudio llevado a cabo con voluntarios del Instituto HeartMath en Boulder, Colorado, midieron los niveles de IgA, la inmunoglobulina A, primera línea de defensa frente a infecciones de nuestro organismo, y luego les pidieron a todas las personas que llevasen a cabo actos de bondad durante cinco minutos. Pasados estos cinco minutos, se les volvió a medir la IgA. Esta inmunoglobulina había aumentado más de un 50 por ciento en todos ellos; y no solo eso, los niveles de IgA se mantuvieron elevados durante al menos una hora más, comprobado con medidores de continuidad durante esa hora.

Y así, miles de estudios demuestran que la amabilidad, la llamada conexión cálida con los demás, el afecto, mejora nuestra salud y nuestra corporalidad; también estimula muestro sistema inmunológico.

También sabemos que a veces ser amable representa un gran esfuerzo, requiere de nuestro tiempo, y no siempre es la actitud más cómoda, pero vale la pena porque hace que las personas se sientan mejor consigo mismas.

Hormonas, corazón, sistema digestivo, nervioso, inmunológico…, todo mejora en aquellas personas que practican con frecuencia la bondad.

Yo **ahora lo sé**.

Y por ello, pienso hacerme practicante y evangelista de este beneficio, tan sencillo de implementar. Quiero estar atento a ello.

No por egoísmo personal, no solo por encontrarme yo mejor conmigo mismo, sino para que los que están cerca de mí se sientan también mejor.

Hacer un favor, nos lo hayan pedido o no, ayudar desinteresadamente, de forma altruista, ser bondadosos, regalar una sonrisa…, todos son comportamientos que favorecen también a la persona que los otorga. La ciencia lo corrobora.

Mark Twain lo expresó así: «La bondad es el lenguaje que los sordos pueden oír y los ciegos pueden ver».

Más claro, agua.

La bondad nos conecta. Nos eleva, nos lleva a sentirnos mejor, en otro nivel. Y es bueno para nuestra propia biología.

La bondad y la amabilidad son virtudes esenciales para
construir relaciones personales positivas.

Diferentes investigaciones, en diferentes universidades, también han encontrado que las personas que son amables tienden a disfrutar más de un tipo de felicidad no hedónica, que se denomina «**felicidad eudaimónica**», relacionada con **el significado y el propósito de la vida,** mientras que la «**felicidad hedónica**», como ya vimos, está relacionada con la satisfacción instantánea y con el placer inmediato.

De eudemonología nos habló Arthur Schopenhauer en su tratado sobre *El arte de ser feliz.* Nos decía que los mortales nos diferenciamos unos de otros en tres puntos:

- Lo que uno es: la personalidad y el cómo uno se relaciona consigo mismo y con los demás.
- Lo que uno tiene: bienes y posesiones.
- Lo que uno representa: la opinión que otros tienen de él.

De los tres puntos anteriores, el primero viene impuesto por la propia naturaleza del individuo. Con lo cual, debería ser considerado el verdaderamente esencial. Y, por lo tanto, ponerle más interés, hacer más hincapié en él.

Elegir cómo quieres ser y mostrarte tal cual debería ser prioritario, porque parece ya muy evidente que aquello que una persona hace con su vida le llevará a vivir más o menos satisfactoriamente.

La eudemonología también nos enseña que, en un mismo contexto, las personas que tienen una satisfacción interior mayor consigo mismas son más felices.

Hoy día, sabemos que la bondad es uno de los factores eudemonológicos más poderosos.

Quizá, si estás interesado en saber más sobre esto, estas dos referencias te puedan interesar:

1) Bryant *et al.*, *Rewards of kindness. A meta-analysis of the link between prosociality and well-being, Psichological Bulletin.*

2) Midlarsky, E., *Helping as coping.* In M. S. Clark (ed.), *Review of personality and social psychology.*, vol. 12. Prosocial behavior, *Sage Publications, Inc., 1991,* pp. 238-264.

No me gustaría llegar al final de este capítulo sin desafiarte a que realices un acto de bondad cada día en los próximos siete días. ¿Te apuntas? Yo lo voy a hacer. Ahora sé que es bueno para mí. No me lo quiero perder.

Ahora lo sé. Ahora lo hago.

Muy sencillo, si alguna vez tienes dudas sobre qué dirección tomar, sé amable.
La amabilidad siempre es el camino correcto.
Elígelo y no te equivocarás.
Nunca te vas a arrepentir de SER AMABLE.

Así lo describe con palabras maravillosas el dalái lama: «Desde mi limitada experiencia, he descubierto que el mayor grado de paz interior proviene de la práctica del amor, la compasión y su hija **la bondad**. Cuanto más nos preocupemos por la felicidad de los demás, mayor será nuestra propia sanación y sensación de bienestar. Cultivar un sentimiento cercano y cálido hacia los demás hace que la mente se apacigüe».

Y así lo expresó Albert Einstein, que tampoco se quedó corto al decir: «El ser humano es parte del todo, de lo que llamamos universo; una parte limitada en el tiempo y en el espacio. Está convencido de que él mismo, sus pensamientos y sus sentimientos son algo independiente de los demás, siendo una especie de ilusión óptica de la conciencia. Esa ilusión es una cárcel para nosotros, nos limita a nuestros deseos personales y a sentir afecto por los pocos que tenemos más cerca. Nuestra tarea tiene que ser liberarnos de esa cárcel, ampliando nuestro círculo de compasión y bondad, para abarcar a todos los seres vivos y a toda la naturaleza».

¡Qué bonito! Que no se nos olvide cultivar la capacidad innata de la compasión y la bondad, esa semilla que está en todos nosotros, para así ampliar nuestra mirada y abarcar las relaciones con la humanidad de una forma diferente, actuando de forma constructiva, positiva, amable. Es sencillo. Y, por otra parte, es lo más importante, a la vez que accesible a nosotros, que podemos hacer hoy día para enfrentarnos a la crisis social, política y medioambiental que tenemos delante.

Practicar la amabilidad es la forma de participar en hacer, cada día, un poco mejor este mundo.

AHORA LO SÉ.

Y por eso, pongo **mi luz en movimiento** para hacer que suceda.

LAS DOS S

La medida del amor
es amar sin medida.
SAN AGUSTÍN

Solo la mano que tacha
puede escribir de nuevo.
J. ECKHART

La facultad más fuerte
de la persona es el olvido.
JOSEP PLA

Ahora o nunca,
este es el momento,
no dejes que se escape.

La primera, SOLTAR.
La segunda, SENTIR.
Y las dos suelen encontrarse pegaditas en el viaje de la vida.

Nos aferramos a personas y cosas. Y a la propia vida también. Le llaman apego.

El apego tiene mala prensa, pero en mi modesta opinión no es malo *per se*, sino por el modo en que nosotros nos hacemos cargo de él.

El apego buscado y necesario, satisfactorio, generador de bienestar, elegido, nos da felicidad. El apego necesario que existe entre la madre y el bebé, que luego se mantiene a lo largo de toda la vida, explica esto muy bien.

Por el contrario, el apego que nos esclaviza nos atrapa injustamente, del que no podemos salir, el tóxico, ansioso, creado para que nuestra mente se sienta satisfecha sin ningún otro sentido, que rompe nuestra paz interior, el que se confunde con el amor; ese nos sobra, y es ese el que necesitamos aprender a soltar.

Nos aferramos a estas cuestiones por miedo a perderlas. Y tantas veces son esas cosas, o personas, las que nos hacen a nosotros perder, o perdernos.

La expresión «**soltar**» debe ser uno de los clichés más utilizados en esta nueva era del despertar y de la pseudopsicología moderna. Se usa a diario. En todos los libros de autoayuda, de crecimiento personal, de desarrollo, de meditación, budistas…, hasta la saciedad.

Sin embargo, en mi opinión, es mucho más que un concepto, es una maniobra mental que debemos entrenar, necesaria para alcanzar la paz, para vivir con un sentido de propósito individual hacia la propia vida, para respetarnos, para autoamarnos, para sentirnos satisfechos con nuestras decisiones, para conducir el timón de la vida.

Soltar significa, así de simple, hacer lo que dice la propia palabra. He ahí lo fácil que es de comprender y lo difícil de llevar a cabo. Constituye una invitación a dejar de aferrarnos a lo que sea.

Ya se trate de una idea, de una creencia que nos atrapa y no nos deja ver la realidad de forma desacostumbrada, que no nos permite buscar otras razones que no sean la nuestra. O bien sea un objeto, un suceso o momento, quizá que ya pasó y nos tiene enganchados a él. O puede que lo que haya que soltar sea el apego a una persona, o a un lugar, o a un deseo, presente o futuro.

Soltar es una decisión consciente de dejar ir algo con plena aceptación.

Y fluir, si es necesario, con otra corriente, en otro pensamiento, en otra dirección a la que nos tenía pillados.

Soltar es abrir la mano para dejar ir.

Nos aferramos con la mente. Por lo tanto, soltar es un trabajo mental, que nos ayudará a salir del atasco en el que nos encontramos.

Soltar solo es posible si podemos observar con consciencia y aceptación a aquello que nos lleva a quedarnos pegados, mental y físicamente.

Consiste en aprender a abrirnos a nuevas experiencias, dejando atrás las de ayer; se trata de desengancharnos conscientemente del lazo que nos ata al pasado.

La calma, la verdadera sabiduría, surge cuando somos capaces de reconocernos como seres completos que no están atrapados a nada que no hayan elegido.

Vivir en paz con uno mismo tiene mucho que ver con saber rechazar lo que toca rechazar en cada momento, a la vez que no dejar de agarrarse bien fuerte a lo que elegimos conscientemente.

Soltar es de valientes. De personas con voluntad determinativa, que saben elegir lo que desean para ellos, en cada momento de su vida. Ser valiente para ser uno mismo con derecho a cambiar, a no pensar como pensábamos ayer, o antes de ayer, a no tener que necesitar a otras personas, a aprender a vivir con otras necesidades, con otros objetos, en otros lugares...

Qué bien cuando maduramos y sabemos que es hora de cambiar la frase de «no puedo vivir sin ti» por la de «no quiero vivir sin ti».

Eso también es saber soltar.

Para empezar a soltar, en primer lugar, hay que empezar a aceptar que, con mucha probabilidad, sentiremos dolor cuando dejamos ir algo que nos tenía atrapados. Empezar a asimilar que las cosas fueron como fueron, y que ahora son diferentes, y que muchas situaciones, y también personas, no están bajo nuestro control, ni pueden ser siempre abordadas como a nosotros nos gustaría.

También hemos de empezar a admitir que aquello que queremos soltar nos hará atravesar, en muchos casos, un periodo de dolor por la pérdida, a lo que llamamos duelo. Si algo nos pertenecía, poseíamos, o eso creíamos, cuando deja de estar con nosotros, duele.

Soltar significa estar dispuestos a renunciar.

Por ejemplo, estar dispuesto a renunciar a ese sueño empresarial que habíamos empezado con toda la ilusión del mundo, pero que no funcionó. Y hemos tenido que decidir no seguir adelante.

O aceptar que esa persona, a la que tanto amábamos, debe quedar en el pasado, que ya no va a volver a estar con nosotros, por mucho que eso nos duela. O dejar de vernos con ese amigo, porque ha cambiado tanto que sus ideas y las nuestras, su forma de vida y la nuestra, ya no concuerdan, ya no se encuentran en la misma dirección. Eso duele.

Debemos saber atravesar el dolor, o el miedo, si lo hay, cuando soltamos.

Decir adiós a aquello que tanto tiempo nos agradó, que hemos conservado cerca de nosotros y nos hacía bien, no es fácil.

Es decir, soltar requerirá de un duelo, mayor o menor, corto o largo en el tiempo, de una forma u otra.

Y el duelo duele.

Pero es un dolor que enmascara una buena noticia: es **un dolor curativo**.

Desprenderse de una fuente de apego negativo, antiguo o tóxico que ha creado condicionamiento adverso siempre duele, pero cura.

Y, una vez hemos aceptado y soltado, es momento de sentir.

Sentir lo nuevo como reparador, como ilusionante, como algo que nos ilumina. Una nueva luz que nos pone en movimiento.

Dejar espacio vacío para recibir lo nuevo, llenar nuestra vida con nuevas experiencias.

Sentir para ser.

Sentir para darnos la posibilidad de confiar en nuevos retos, en un nuevo modo de relacionarnos con el entorno o con las personas.

En definitiva, SENTIRNOS para estar abiertos a lo que está por llegar. Sentir el nuevo aire fresco.

Asociamos la idea de soltar con la de deshacernos de algo o de alguien, y no siempre es así, no siempre debemos o podemos desconectarnos de otra persona, o de algo de lo que disponíamos durante mucho tiempo, una determinada ciudad, o de tu casa de siempre, fácilmente.

Soltar no es igual a dejar de sentir.

Nuestros sentimientos no desaparecen simplemente porque dejemos algo o a alguien. Podemos dejar atrás una relación o situación emocionalmente difícil, pero nuestros sentimientos asociados a ella pueden mantenerse, al menos por un tiempo. De hecho, al soltar, si nos permitimos seguir sintiendo, el proceso será más sencillo. Por el contrario, si reprimimos los sentimientos por el hecho de dejar algo, de soltar, estaremos prolongando el proceso de duelo.

Se puede soltar, dejar ir, pero no implica que nuestros sentimientos se puedan apagar.

Soltando, sin dejar de sentir, hace que el proceso de despedida y de adiós sea más equilibrado y natural.

Soltar y Sentir son actos de amor propio.
De autocuidado.
Necesarios para refrescar nuestra vida.

Soltar es poner límites o acabar con lo viejo. Sentir es elevarnos ante nuestras decisiones, a veces nuevas, vivirlas.

Sentir es crear un lenguaje que nos conecte con nuestras emociones y con el modo en que las expresamos hoy, dejando el ayer.

A sentir no se aprende más que sintiendo. Dejándonos llevar. Sin necesidad de justificar o racionalizar lo que sentimos.

Soltamos porque necesitamos dejar la desconexión afectiva que se ha producido en cualquier momento de nuestra vida.

Sentimos porque necesitamos empezar a conectar con algo o alguien.

Soltar para desconectar.

Sentir para conectar.

AHORA LO SÉ.

Y ahora aprendo cada día a soltar, voluntariamente.

Y a sentir.

LO QUE TE ASUSTE, ¡HAZLO!

Sufrimos más de imaginación
que de realidad.
SÉNECA

Dime por qué cuando uno sabe nadar flota.
Y, sin embargo, si no sabe, se hunde.
Porque el miedo pesa.
Dicho popular

Miedo al miedo que da.
PEDRO GUERRA

El título de este capítulo es una frase que suelo utilizar en mis cursos y charlas con frecuencia; pero no es mía, es una de las sentencias más reconocidas de Franklin D. Roosevelt.

Para ser más exactos, lo que parece que él dijo fue: «Si tienes miedo, hazlo con miedo, pero hazlo». Yo he simplificado un poco porque a veces, creo, nos detiene más el susto que el propio miedo, entendiendo el concepto de susto como el miedo al propio miedo, o a pasarlo mal en el proceso de llevar a cabo algo.

Tener miedo es natural.
Es la emoción más primitiva del ser humano.

Y del resto de seres vivos que dispongan de un sistema nervioso, por muy rudimentario que este sea.

El miedo nos aleja de agentes nocivos y de sus potenciales consecuencias peligrosas. Es la emoción base de la supervivencia.

En realidad, el miedo original, en el que se soporta cualquier otro tipo de miedo, es el miedo a la muerte. Es un miedo innato y endémico que todos los seres humanos compartimos. Estamos programados para ello. Venimos con esta carga biológica de serie. Los seres conscientes, los seres humanos, tenemos miedo a la muerte, y en este miedo se apoyan el resto de los miedos. Los animales no tienen este problema; es lo que tiene ser seres no conscientes de su existencia.

Otra cosa diferente es el temor, también llamado miedo tóxico, producto de nuestra imaginación, relacionado con una previsión negativa del futuro que nos paraliza.

> El miedo es instintivo.
> El temor es reflexivo.

El temor es irracional, no natural, como sí lo es el miedo.

El miedo no necesita ser gestionado, tan solo comprendido, asumido, el temor sí necesita de autogestión para que no nos pare, para poder abarcar nuevas aventuras.

Tener miedo no nos hace cobardes. Nos hace valientes cuando lo aceptamos y conquistamos.

Ser valiente no es lo contrario de ser cobarde. Lo contrario de ser cobarde es ser temerario. Ser valiente es tener voluntad para hacer lo que corresponda siendo capaz de superar el miedo natural.

Este capítulo pretende tan solo adentrarse en una tesis sencilla:

No hay mejor forma de vencer el miedo a algo que **enfrentándose al propio miedo**. Hacerle frente. Porque sabemos que, si lo evitamos, solo conseguiremos que se haga más fuerte.

Cambia en la frase anterior la palabra «miedo», la que utilizamos con más frecuencia, por «temor», y estaremos en una onda mucho más ajustada.

Repetimos:

> No hay mejor forma de vencer **el temor** a algo que
> **enfrentándose al propio temor.**

El miedo depende mucho de la propia personalidad. Y de las experiencias vividas previamente. También al propio modo en el que un individuo se enfrenta a la vida. Por ello, no todos tenemos los mismos miedos, ni temores. Y por eso mismo, es importante aprender a enfrentarnos a ellos, a superarlos, atreviéndonos.

En la vida tenemos que saber fluir con el miedo. Y conquistar el temor.

Conseguir educarnos para que la preocupación, la angustia o la ansiedad, tres manifestaciones en diferente grado del temor, no nos paralicen.

Mientras el miedo ancestral, auténtico, real, en aquel pasado inhóspito en el que habitábamos, nos ayudaba, nos salvaba, el temor psicológico en la actualidad, en esta era moderna, nos mata en vida.

Una buena idea para cuidar de nuestros temores es ponerles nombres, etiquetar nuestros miedos tóxicos.

Al nombrar el temor, este se afronta mejor.

Un estudio llevado a cabo en la Universidad Juan Carlos I de Madrid señala que las entidades difusas del miedo son capaces de dominarnos más, de paralizarnos, de impedirnos dar el paso que necesitamos, frente a las entidades temerosas que están identificadas, catalogadas, etiquetadas con un nombre concreto.

Algún ejemplo:

«No me atrevo a cambiar de trabajo, aun sabiendo que este en el que estoy me hace perder la salud, que esto a lo que me dedico no me hace feliz».

Llámale inseguridad personal. Etiquétalo así. Y valora lo que te estás perdiendo. Las nuevas posibilidades que no llegarán a ti por ser esclavo de algo que no te gusta y que quema tu bienestar personal y tu salud física y mental.

«No me atrevo a decirle a mi pareja que hay cosas de él que no me gustan y que me están haciendo daño».

Llámale indecisión. Etiquétalo así. Y valora si lo que haces afecta directamente a tu autoestima.

Tener temor de no cumplir con las expectativas de otra persona suele llevarnos a encontrarnos mal con nosotros mismos.

¿Merece la pena? ¿Nos hace esto mejores con los otros?

«Tengo miedo a hablar en público».

Llámale miedo al ridículo. Etiquétalo así. ¿Es porque temes que los demás se rían de ti o piensen que no estás a la altura? ¿Por qué es tan importante para nosotros lo que los demás piensen de uno?

Cuando etiquetas un temor, y das el paso atreviéndote a cruzar sus líneas rojas, las que te asustan, las cosas empiezan a ser diferentes, aparecen nuevas oportunidades, y aunque no desaparezca el miedo a lo desconocido, este se conquista.

Hacer algo que nos asusta, aún con temor, es conseguir que no nos gane la batalla el miedo paralizante. Tenemos una cabeza pensante que comprende que, para todos, existen momentos complicados. Pero nuestra capacidad imaginativa y resolutiva puede orientarse a hacer comprensible lo incomprensible, y a convertir lo imposible en posible.

A modo de experiencia personal, os puedo contar que, a mí, cuando me sucede algo que me asusta, divido mi cabecita circular, metafóricamente hablando, en dos partes. En una parte pongo todo lo que no puedo controlar, o porque no lo puedo evitar o porque es resultado del azar; a veces, en el mismo lado del círculo, anoto también todo aquello que es banal o fútil, resultado de lo creado por mi imaginación, y que no es real. Y en el otro lado del círculo, anoto *la crème de la crème*, lo que habita dentro de mí, sobre todo aquello que sí puedo controlar y trabajarme.

Adivina en qué lado del círculo pongo más atención, foco, energía y trabajo.

Muchos nos juzgan, siendo el juicio de terceros el elemento que suele convertirse en el muro más difícil de superar en relación con los temores cotidianos: lo que el otro dirá o pensará.

Muchos nos juzgan, pero no se atreven a hacer lo que nosotros hacemos.

¿Qué es más importante hacer, atrevernos o sentarnos a juzgar? ¿Quién gana más? ¿Quién aprende más?

Déjame utilizar un dato: la población de la Tierra es de aproximadamente 8.000.000.000 de personas. De media conocemos a unas 200 personas nuevas al año. Y tenemos más de 1.000 personas en nuestro radar de relaciones. Con estas cifras, ¿qué más te da lo que piense Fulano de Tal?

El mundo es más grande que una mente juzgante.

Y, por si esto no fuera suficiente, ¿no es mejor lo que tú sientes y haces que lo que otro piense o juzgue?

Vence el temor, y cuando lo hagas, verás que detrás de esos temores hay nuevas aventuras, éxito, bienestar, tranquilidad, superación...

Muchas veces no nos atrevemos porque las cosas son difíciles, somos nosotros quienes las hacemos difíciles por no atrevernos.

Por lo tanto, si **tienes temor, hazlo con temor, pero hazlo**.

Yo, ahora lo sé.

Pero durante mucho tiempo, fui un temeroso ante diferentes eventos que la vida ponía ante mí.

Cuánto me perdí...

CONTEMPLACIÓN

La gente corre tanto porque no sabe a dónde va,
el que sabe a dónde va va despacio,
para paladear el ir llegando.

Gloria Fuertes

*Sanar es
reconocerse con la realidad.*

Llegar a la verdad más simple
requiere años de contemplación.

Isaac Newton

Antes de pensar y de actuar, deberíamos contemplar.

La contemplación es un estado mental de profunda atención.

Se trata de observar la realidad detenidamente, a veces con los ojos cerrados, de manera serena, sin juzgar, ni interpretar, simplemente permitiendo que la experiencia de ese momento, que a veces es la nada, el vacío, se desarrolle sin más, y se revele por sí misma.

Contemplar es entender la naturaleza, el arte, la música, las relaciones con los demás, un hecho cualquiera, lo cotidiano, a uno mismo.

Es una práctica que permite conectar lo que está ocurriendo en nuestro entorno o con nuestro interior, cultivando la calma, la claridad mental y la comprensión.

Contemplar para apreciar lo que nos rodea, su belleza y armonía.
O su ruido y malestar.

Apreciar es mucho más poderoso que tan solo escuchar u observar, porque contemplar es observar o escuchar conscientemente, estando presentes, de forma apreciativa.

Al detenernos y contemplar nuestro entorno podemos admirar

o rechazar con consciencia, enriqueciendo nuestra experiencia de vida.

Contemplar nos ayuda a cultivar la calma y la paz interior, ya que, si aprendemos a contemplar y nos conectamos con nosotros mismos, entenderemos mejor nuestras emociones, elegiremos mejor los pensamientos, rechazando los que no nos hacen bien, y dándoles fuerza a los que nos ayudan, a los que son positivos para nosotros.

Al contemplar tomamos partido de cómo vivir las sensaciones que nos llegan, sin necesidad de juzgarlas, sin interpretarlas, sin reaccionar automáticamente. Desarrollamos una mayor consciencia y comprensión del estado de las cosas. Aprendiendo a dejar la mente en modo contemplativo, nos conoceremos más.

Todo esto tiene un beneficio extraordinario en nuestra salud: nos permite manejar mejor el estrés, la ansiedad y las preocupaciones, mejora las relaciones afectivas, promueve un mayor equilibrio emocional y nos permite no dejarnos llevar por nuestra mente, por nuestras creencias cuando no aportan valor, cuando no es necesario.

Podemos contemplar simplemente poniendo consciencia, atención plena en lo que estamos haciendo.

Estar ahí en ese preciso instante, eso es contemplar.

Podemos contemplar a través de la meditación, de la oración o de una forma más sencilla, tan solo aprendiendo a vivir con una cierta calma mental, cosa que se consigue con aceptación, serenidad, alegría, tal como hemos ido relatando en este manuscrito.

En resumen, la contemplación nos sirve para nutrirnos emocionalmente, para encontrar paz, para apreciar la belleza del mundo, del entorno, de las personas que nos rodean, para cultivar la consciencia plena y para conectar con nosotros mismos, para alcanzar lo que llamamos espiritualidad. Es decir, para poner nuestra luz en movimiento.

Es una práctica que nos invita a detenernos, a estar presentes de verdad, a abandonar la prisa, a observar y escuchar con intención, para comprender y apreciar, brindándonos una mayor luminosidad y significado en nuestra vida, en nuestra cotidianidad.

Ahora lo sé.

No siempre lo supe.

No siempre fui consciente.

No siempre supe no reaccionar inmediatamente a lo que sentía.

No he sabido gobernar los impulsos de mi mente en ocasiones cruciales.

Y todavía no siempre sé, sigo aprendiendo.

Contemplar es controlar con consciencia el movimiento mental, también el físico, sin prisas, sin presión, sin agobio, de una forma profunda, comprensiva, sutil, en relación con el mundo que nos rodea.

Descubriendo las cosas, los hechos, las personas, como si fueran únicas, nuevas, como si las viésemos por primera vez; con una mente de **asombro**.

Esta es la gran palabra de la que se nutre la contemplación: asombro.

Otros le llaman mente curiosa. También me gusta.

Contemplar es despertar y practicar el asombro.

Requiere desapego de los programas que conforman el ego. Saber salir de lo fijado por los programas, o paquetes de programas, anclados a nuestra mente, que vienen del pasado, de nuestros aprendizajes arcaicos. También vivir con mente de asombro nos debe alejar de las expectativas de futuro.

El asombro nos permite no aferrarnos a lo conocido. Saltar a nuevas perspectivas. Encontrar nuevas formas de ver y sentir lo ya conocido.

El asombro nos hará recuperar la capacidad de fascinación ante las cosas más pequeñas. Nutrir y rediseñar nuestros sentidos.

«El universo está lleno de cosas mágicas y bellas pacientemente esperando que nuestros sentidos se agudicen y las observen», escribió el poeta irlandés William Butler.

Abrir los ojos al mundo con la máxima atención nos hace más felices. El **asombro** es luz para la mente en un momento dado, que permite al ser humano salir de la ceguera de su rutina y poner atención a lo milagroso de su propia existencia, a su entorno y al mundo en el que está habitando. Asombrarse es encontrar nuevas respuestas a aquello que el intelecto no sabe, no ve o no ha descubierto; el asombro antecede al conocimiento y, al mismo tiempo, hace posible lo que parecía imposible, o bien acepta lo que no se puede cambiar.

A todo esto, nos ayuda la meditación. Y también, las técnicas de *mindfulness*, de atención plena.

Tres técnicas, relativamente sencillas nos ayudarán mucho a la hora de practicar el asombro a través de la atención plena, viviendo el momento presente, y, a su vez, bajando los niveles de estrés innecesarios y perjudiciales.

1. Primera técnica: **la percepción selectiva.**

Nos ayuda a estar en el aquí y el ahora.

Silencia nuestra mente a pesar de los desbordantes estímulos, distractores y estresores, que nos llegan desde nuestro entorno.

Esta técnica consiste en enfocarnos detenidamente en las cosas que hacemos, con consciencia. Y muy especialmente si estas cosas o eventos forman parte de lo cotidiano: beber una taza de té, tomar una ducha caliente, preparar una paella, sostener una conversación interesante con otra persona, leer un buen libro sin prisa...

Se trata de practicar para conseguir que nuestra mente esté en lo que está, se mantenga en el momento presente, desprendiéndose de lo que no toca, del exceso de información que llega de afuera, de la sobreestimulación, de las preocupaciones.

Consiste nada más y nada menos que en estar.

Y en apreciar lo que se está haciendo o sintiendo.

2. Segunda técnica: **respiración consciente.**

Inhala y exhala. Y estate ahí, con tu mente en la respiración, sin más.

Intenta que la fase de exhalación dure, al menos, el doble que la de inhalación. Exhalar profundamente provoca una serie de beneficios que nos ayudan orgánicamente a estar en calma.

Al respirar de esta manera, el ritmo cardiaco se desacelera, la presión arterial disminuye, lo mismo que la tensión muscular. Además, este ejercicio mejora el estado de ánimo general, a partir de la liberación de dopamina y otras hormonas.

Qué pena que, en el colegio, de pequeños, no nos enseñen a respirar de la misma forma que nos enseñan un idioma. Y que tampoco nos enseñen a tomarnos pausas, a lo largo del día, para sentirnos a nosotros mismos, sin más.

Párate varias veces a lo largo del día y tómate unos minutos para respirar de forma consciente. Con tan solo 2 o 3 minutos, 2 o 3 veces al día, sería suficiente.

3. Tercera técnica: **silenciar la mente.**

Que no es dejarla en blanco, esto no se puede, sino más bien recibir los pensamientos e igual que nos vienen, sin juicio ni interpretación, dejarlos ir.

Silenciar la mente es meditar, bien sea en estado meditativo real, es decir, practicándolo, o en cualquier momento del día que lo necesitemos.

Meditar significa cultivar una actitud libre de juicios hacia lo que emerge en la mente, sea lo que sea. Y aprender a dejar ir los pensamientos. No anclarlos. No juzgarlos.

Meditar también es captar los momentos. Estar atentos.

Dicho de otra forma,

¡VIVIR DESPIERTO!

Pasar de una mente inconsciente a una mente consciente, apreciativa y despierta con lo que está sucediendo, conectada con el momento presente, eso es meditar.

MEDITAR tiene la misma raíz que «medicina»; es curar, cuidar.

La palabra pali para referirnos a la meditación es *bhâvanâ*, causativo del verbo ser, y por lo tanto significa llegar a ser.

Meditar es necesario para cultivar la mente y ligarla al corazón.

Eso sí, debemos llevar la práctica de la meditación al día a día, esparcirla en la vida cotidiana, permitiéndole que desafíe nuestra personalidad, nuestro carácter. Así sí nos será muy útil.

Yo la utilizo al ir caminando o viajando en avión, al cocinar o ponerme los zapatos, al hablar con amigos...

Es entonces cuando tiene su sentido.

Ahora lo sé.

Y todo porque debemos saber que

¡este es el momento!
No hay otro. Despierta y vívelo.
Es inútil postergarlo o dejarlo pasar.
No se repetirá.
Despierta y saboréalo.
¡Medita!

La meditación es una práctica sencilla y está al alcance de todos. Es una invitación a vivir momentos contigo. Es intimidad en estado puro. Es un proceso de quietud y observación.

Nos enseña nuestra verdad sin máscaras, sin adornos, sin etiquetas o juicios. Nos enseña a estar presentes incluso cuando lo que tenemos delante no nos gusta o nos incomoda. Es una oportunidad de amarnos de forma incondicional.

Practicar estas tres sencillas técnicas que he compartido más arriba te hará construir un espacio interior lleno de tranquilidad y serenidad, de vacío necesario; ese vacío que nos permite conseguir disponer de una mente curiosa, de asombro, aprender a sentir la vida como si fuese una sorpresa, saber mirar las cosas desde otra perspectiva, tal como lo hacen los niños.

Estos ejercicios mentales son muy útiles para sentirnos bien en momentos críticos, de cualquier tipo, o también para el disfrute de momentos deliciosos, oceánicos.

Qué bien sabemos vivir cuando lo hacemos descubriendo lo maravilloso de cada instante. Algún ejemplo de estos instantes de felicidad sería cuando nuestra abuela nos da un abrazo y lo vivimos con alegría inmensa, o cuando disfrutamos en verano de llevar el pelo mojado.

Contemplar supone abrazar el silencio, del que ya hablamos anteriormente en otro capítulo. Es entregarse al fluir de la vida sin dejar de un lado el poder de la decisión. Es entregarse sin aferrarse.

Al practicar la contemplación desarrollamos nuestra inteligencia espiritual, que no es más que desarrollar la capacidad de conectar con todo aquello que nos da energía vital, que se acerca a nuestros valores, a nuestro propósito, que nos permite alcanzar nuestros sueños y que nos hace más fuertes, y vivir en un entorno de mayor bienestar que nos permite disfrutar con la vida.

¿No está suficientemente justificado?

Yo ahora sé que sí.

Yo ahora lo sé.

¿Y tú?

«El despertar espiritual no es ya una opción, sino una necesidad si queremos que la humanidad y el planeta sobrevivan», nos decía Eckhart Tolle sabiamente.

Contemplar nos regala una vida sin prejuicios. Sin darles tanto valor a las emociones negativas, a los pensamientos recurrentes, a los hábitos tóxicos o a los aprendidos y programados por una educación obsoleta y nada amorosa. Contemplar apaga todo aquello que no nos deja ver más allá.

«La contemplación es la convergencia de la vida, el conocimiento, la libertad y el amor», leí en un artículo del monje trapense Thomas Merton.

En nuestro día a día deberíamos incorporar una dieta contemplativa, en la que tengamos tiempos y espacios para simplemente estar.

Contemplar consiste en pasear sin rumbo, y quizá sin destino; en mirar sin buscar; en escuchar en silencio, silenciando el ego.

Y también consiste en descubrir nuevos brillos a la vida y a las personas con las que la compartimos, el nuevo lado de las ideas, de las posibilidades o del trabajo que realizamos; un nuevo color a nuestro pueblo o ciudad, aunque la transitemos cada día por el mismo lugar, una forma nueva de dar y recibir amor al amor que compartimos, siempre con carácter renaciente, un sexo diferente, más consciente y dedicado, sin prisa, con un nuevo significado.

Marcel Proust nos lo dejó muy claro al decir que «en la vida no se trata de ir descubriendo cada día una tierra nueva, sino de aprender a contemplar la tierra de siempre como nueva».

Contemplar es sentir que formas parte de la vida.

Que fluyes con ella.

Que la vida, **tu vida**, empieza y continúa en ti, y esta no es posible sin ti.

AHORA LO SÉ.

Ojalá tú también lo sepas o lo descubras, será una luz que te pondrá en movimiento.

EL NO

Un diamante es solo carbón
que soportó bien la presión.
Dicho popular

Dentro de un tiempo,
no serás nadie, en ninguna parte.
Ni tampoco verás
ninguna de esas cosas que ahora ves.
Ni verás a ninguna de esas personas
que ahora viven.
MARCO AURELIO

Decir «no» a un sueño es no ponerlo en movimiento, ni luchar por él.

Decir «no» a lo que amamos es apartarlo de nosotros.

Decir «no» a un deseo es apagarlo.

Decir «no» a una meta o propósito es encontrar la excusa adecuada.

¿Qué es el **miedo**?

La NO ACEPTACIÓN de la incertidumbre.

Si la aceptamos, el miedo se convierte en AVENTURA.

¿Qué es la **envidia**?

La NO ACEPTACIÓN del bien para otro.

Si lo aceptamos, se convierte en INSPIRACIÓN para uno mismo.

¿Qué es la **ira**?

La no aceptación de que todo no puede estar bajo nuestro control.

Si aceptamos que todo no puede estar bajo nuestro control, se convierte en TOLERANCIA.

¿Qué es el **odio**?

La NO ACEPTACIÓN de las personas tal como son.

Si aceptamos a las demás personas tal como son, se convierte en AMOR.

UNA VIDA 5 ESTRELLAS (*****EUNOIA)

El problema no es el problema en sí,
el problema es la actitud
con la que nos enfrentamos al problema.

El pasado no existe.
Es el relato de cómo te cuentas el presente.
LUIS ROJAS MARCOS

Las personas que no piensan sino en vivir
no viven.
SÓCRATES

Lo que quiere la nuez
es que rompa la cáscara.
Anónimo

Ve por el mundo
y maravíllate con él.
RAMON LLULL

Un recordatorio **esencial,** antes de empezar este capítulo:

lo que hacemos nos hace.

La vida puede ser de 5 *****. Nosotros hacemos que lo sea o que no.

EYNIOA *(eunoia)* es una palabra que etimológicamente es originaria del griego (*ey* = bien y *nous* = mente), que se traduce como el poder de crear pensamientos bonitos, para poder así disponer de una mente sana.

Nacemos en un lugar que no decidimos, con una carga genética producto de los cruces cromosómicos parentales, de los ancestros y de las mutaciones que se producen, y que tampoco decidimos. Nacemos en una clase social que no decidimos, y con un coeficiente intelectual muy dependiente del modo en que se dispongan nuestras neuronas, de nuestra biología, que no decidimos. Nos llevan a un determinado colegio cuando somos pequeños y nos alimentan de una determinada manera, que nosotros no decidimos. Y así un largo etcétera de situaciones que en nuestra vida nosotros no decidimos.

Pero lo mejor es que ninguna de estas características, no elegidas, aunque influyen mucho en nuestro ser, hacen que nuestra vida sea o no de cinco estrellas (*****).

Los expertos nos aseguran que influyen mucho más algunos otros **elementos esenciales** que conforman esa especie de sabiduría vital o esencial. Los principios básicos de la **sabiduría esencial** hacen posible que podamos mantener una determinada actitud mental y vital, inteligentemente positiva y de modo consciente.

Existen unas leyes, no escritas en ninguna tabla apostólica, a modo de normas vitales que están con nosotros a lo largo de la historia, y que dependiendo del uso que hacemos de ellas, nuestra existencia, nuestro paso por la vida es más o menos gozoso, consiguiendo llegar a ser de cinco estrellas o no consiguiéndolo.

Son normas solo válidas cuando las aplicamos de forma correcta; y es por eso por lo que decimos que lo que hacemos nos hace.

Oscar Wilde lo dejó escrito así: «Cuando hayamos descubierto las leyes que rigen la vida, nos daremos cuenta de que la persona de acción se ilusiona más que el soñador».

¿Cuáles son, a mi modo de entender, estas **leyes esenciales de sabiduría vital?**

Las compartiré contigo, pero no voy a profundizar mucho en cada una de ellas, porque, como el lector observará cuando las nombre, para hacerlo necesitaría escribir otro libro. Y no es lo que toca…

Creo que se pueden nombrar en **13 esencias**. Como 13 son los capítulos de la primera parte del libro. Y de la segunda.

13 me parece un número de la buena suerte. Me gusta. Siempre me fue bien junto al número 13.

A continuación, enumeraré las 13 esencias:

1. Nuestros actos tienen consecuencias.

«Cada cual se fabrica su destino», decía Miguel de Cervantes.

O, dicho de otra forma, si quieres recolectar trigo, no siembres semillas de coles. Qué importante la coherencia.

2. Acepta la realidad.

Al principio de este libro ya lo compartí contigo: ¡Esto es lo que hay!

Acepta toda la gama de colores que te presenta el calidoscopio de tu vida. Todo es tuyo. Todo te pertenece.

3. Cambia lo que sí puedas cambiar, y quieras.

Si te provoca desgracia, si se come tu energía, si te hace sentir mal y está en tu mano poder cambiarlo, hazlo. ¡Cámbialo radicalmente!

Y acepta lo que no puedes modificar, mover de lugar, cambiarlo. ¡Acéptalo radicalmente!

4. Activa tu creatividad.

Visualiza tu vida de modo alternativo al que ya estás viviendo.

Date la oportunidad de tener muchas vidas en una vida. Diversifica.

¿Recuerdas la metáfora del Titanic que te conté en otro capítulo?

5. Todo lo que das te será devuelto.

Es la ley de la compensación o del equilibrio.

Nada tiene una sola cara, ten en cuenta las dos.

Por cada afirmación encontraremos una negación compensadora. Y viceversa.

6. Busca la paz interior.

El sosiego y la armonía.

En capítulos anteriores ya te hablaba de ellos, compartiendo algunas ideas tales como la práctica del silencio, de la contemplación o la serenidad, y también te sugería la forma de acceder a ello.

Practica la relajación psicofísica, el autoconocimiento y el autocontrol.

7. La voluntad es el poder más efectivo.

Es determinativa. Te pone en marcha cuando toca y te ayuda a parar cuando es necesario. Es el poder de la dedicación. Supera el hecho del esfuerzo por el esfuerzo.

8. Visualízate viviendo en el presente, no en el futuro.

Todo llega. Cada cosa tiene su momento. Aquí y ahora incluso cuando se trata de sueños o deseos futuros.

9. Evita la palabra imposible.

No nos ayuda. Nos frena.

10. Utiliza la mirada positiva inteligente.

Que sea el motor de tus acciones.

Desde la auténtica realidad debemos plantearnos cómo poder enfrentarnos a cada situación, a cada momento de nuestra vida.

No todo lo que nos ocurra sucederá tal como esperábamos y, aun así, tendremos que mantener la mirada siempre optimista inteligente.

11. Practica la amabilidad.

Así de sencillo: si por algo debes de luchar es por ser una buena persona.

En lo cotidiano, cada día...

12. Práctica la meditación y la consciencia plena.

Que forme parte de tu vida como algo habitual.

13. Los semejantes se atraen, pero los opuestos también.

No siempre te rodees de las personas que son como tú, que piensan como tú, que te dan la razón, o que te hacen sentir confortable porque son como un espejo tuyo. Los opuestos son generadores de cambio.

El verdadero secreto, si es que lo podemos llamar así, consiste en poner en práctica estas 13 leyes vitales; implementarlas. No solo conocerlas, sino llevarlas a cabo.

Sabes que, al final, lo único que verdaderamente cuenta es lo que se hace. Y, a veces, lo peor no es no saber qué hacer, lo peor es no saber qué no hacer.

W. James decía, con gran sabiduría: «La mayor revolución de nuestra generación es el descubrimiento de que los seres humanos, mediante el cambio de ciertas actitudes internas, pueden cambiar aspectos externos de sus vidas».

Viktor Frankl también lo dejó muy claro en su archiconocida obra *El hombre en busca de sentido*.

Todas estas actitudes a las que tanto James como Viktor hacen referencia están recogidas, creo yo, en las **13 leyes esenciales** que he compartido contigo. Son luz que te pondrá en movimiento.

Todas están constituidas desde la aceptación y se mueven desde ahí para conseguir como objetivo final el autodominio, el autocontrol, para perseguir el bienestar personal, aprendiendo a vivir con lo verdaderamente importante, desde lo sencillo, soltando lo que sobra, el lastre que perjudica, siendo bueno con uno mismo y con los demás, desde un sentido de vida orientado al amor incondicional.

That´s right!

Yo no siempre supe, en mi vida cotidiana, cómo llevar a cabo estas trece leyes fundamentales, deseables para disponer de una buena vida.

¿Y tú?

Ahora las tengo mucho más presentes y las manejo con más facilidad.

Las practico. Aprendo cada día, especialmente cuando me descubro equivocándome.

AHORA LO SÉ.

EL CUARTETO DEL BIENESTAR EMOCIONAL

La vida no nos vive.
Nosotros vivimos la vida.
VERÓNICA BLUME

El conocimiento quiere hablar.
La sabiduría quiere escuchar.

Me considero un hombre afortunado,
nada en la vida me fue fácil.
SIGMUND FREUD

Me ganaba la vida,
pero no la vivía.
Millones de enfermos terminales

Nadie necesita ayuda para tener problemas.
Proverbio maorí

Biológicamente hablando, existen cuatro químicos en nuestro organismo responsables del bienestar emocional.

La combinación de las notas en el tiempo que este cuarteto interprete, metafóricamente hablando, hace que suene la sinfonía de la felicidad biológica en una intensidad *piano* o *forte*, o en un tono mayor o menor.

Este cuarteto está formado por las famosas intérpretes: **endorfina, serotonina, oxitocina y dopamina**.

La investigadora Loretta G. Breuning, profesora emérita de la Universidad Estatal de California y autora del libro *Los hábitos de un cerebro feliz,* explica que el cerebro emite estas sustancias químicas cuando nos sentimos bien. Y añade que estos elementos no están todo el tiempo presentes en la sangre tal como nos gustaría, porque cada uno tiene una función especial, un quehacer, y aparecen o desaparecen una vez ese trabajo, para el que han sido encomendados, está hecho.

Lo curioso, comenta Loretta, es que esa función que se les ha encomendado está íntimamente relacionada con nuestros pensamientos.

Eso es una buena noticia, porque tenemos una forma esencial de activar estos químicos, responsables del bienestar personal, sin necesidad de medicación o de usar sustancias que puedan llegar a ser dañinas.

El sistema nervioso humano es complejo. Está formado por un conjunto de órganos increíblemente complejos y difíciles de entender su funcionamiento. Igual pasa con las moléculas que lo conforman, especialmente con aquellas que podríamos considerar las más poderosas, las llamadas neurotransmisores, responsables de poner en comunicación a las neuronas entre sí.

Las investigaciones neurocientíficas llevan años poniendo el foco principal en comprender cómo son y cuál es su función principal, tanto a nivel orgánico, celular, como a nivel molecular.

Así que, al hablar de moléculas de la felicidad, o del cuarteto del bienestar, tal como a mí se me ha ocurrido titular este capítulo, tenemos que ser muy prudentes con la información que damos, especialmente porque estará afectada por un exceso de reduccionismo científico. Pido, de antemano, perdón por ello...

Mi intención es tan solo transmitir lo que de ellas ya se sabe, lo que está comprobado, y ayudar a mejorar qué sí podemos hacer para que estas moléculas químicas estén presentes, y así las personas nos encontremos mejor.

Vamos a ver, una a una, estas cuatro sustancias y a comprender mejor cómo este cuarteto se relaciona entre sí.

Las **endorfinas** son las llamadas hormonas de la felicidad.

Nuestro bienestar psicosocial está muy relacionado con la liberación de ellas, permiten generar sensación de bienestar y calma. Las endorfinas son las hormonas que más nos ayudan a sobrellevar las situaciones estresantes y dolorosas.

Se trata de un conjunto de sustancias químicas generadas en el hipotálamo, en las cápsulas suprarrenales y en la glándula pituitaria, la hipófisis, ubicada en el encéfalo, y que funcionan como neurotransmisores, es decir, son una de esas sustancias que utilizan las neuronas para comunicarse entre ellas.

Se las conoce también con el nombre de opioides endógenos. Al unirse a sus receptores neuronales, las endorfinas imitan el mismo efecto que provoca el consumo de opioides. Las endorfinas, químicamente hablando, son muy parecidas a sustancias como la morfina.

Por ello, las endorfinas tienen efecto analgésico y sedante, como la morfina. También nos producen sensación de bienestar.

Estas moléculas, curiosamente, como analgésicos naturales se activan también en situaciones dolorosas.

Dos razones para ello: porque ante experiencias dolorosas, o previsiblemente dolorosas, las endorfinas contribuyen a que mantengamos los sentidos bien atentos y la mente alerta ante la complejidad o exigencia del momento. Y, la segunda, porque nos preparan para no ceder ante el dolor, activando, como decíamos, los centros naturales de analgesia.

Por otra parte, también activan los centros de recompensa y placer para que el cerebro se estimule y nos involucremos de una forma más activa, más efectiva y con más fuerza en esos momentos, ya que requieren más destreza, y que entraña ciertos riesgos potenciales.

Las endorfinas tienen un efecto positivo en el estado de ánimo y pueden ayudar a reducir los niveles de estrés, ya que regulan los niveles de otra hormona, el cortisol. También pueden aumentar los niveles de energía del resto de las células en otros órganos corporales, como el corazón, lo que puede ser beneficioso para combatir la fatiga, entre otras necesidades.

Existen varios tipos de endorfinas, que se diferencian entre sí, por los aminoácidos que las componen. Las más importantes para el tema que ahora nos ocupa son:

- **Endorfinas tipo N**: es la forma más abundante de endorfina en el organismo. Es producida por la glándula pituitaria e incide en el cerebro, la médula espinal y otros órganos. Actúa principalmente como moderadora y atenuante del dolor y reguladora de los estímulos sensoriales.
- **Gamma-Endorfina**: este tipo de endorfina se produce en el cerebro e interactúa en la relación comportamiento-emoción-pensamiento. Superimportante sobre el bienestar emocional y personal.
- **Encefalinas**: son producidas por el cerebro y la médula espinal. Ambas reducen las señales de dolor que se envían al cerebro y tienen un efecto analgésico.

Las mejores estrategias conocidas a nuestro alcance para aumentar la cantidad de endorfinas en sangre son la práctica del deporte, el sexo, el enamoramiento, y durante el desarrollo de actividades intelectuales.

La **serotonina** es la hormona de la resiliencia, relacionada con el estado de ánimo.

Fluye en el torrente sanguíneo cuando nos sentimos importantes o cuando estamos inmersos en hacer algo que consideramos importante. Y disminuye cuando nos sentimos solos. Podríamos decir que la soledad no es buena compañera 😊.

La serotonina es una sustancia química hormonal que se produce en los intestinos y en el cerebro, con el objetivo de mantener un equilibrio emocional y un cierto nivel de bienestar psicológico.

Esta hormona es un neurotransmisor cuya composición química es 5-HT, eso significa que las señales que manda van directas a nuestro sistema nervioso, siendo ahí donde se transcriben los mensajes que hace llegar a nuestra máquina de pensar. Es un interconector neuronal. Interviene, además, en el nivel de la libido y el deseo sexual.

De todo el cuarteto que estamos viendo, la serotonina es la hormona por excelencia responsable del equilibrio emocional. Y, junto con la melatonina, se encarga también de la regulación del sueño. Es responsable de librarnos de la depresión, de la tristeza crónica, de la angustia cronificada y de la ansiedad.

«En las últimas cuatro décadas, la pregunta de cómo manipular el sistema serotoninérgico con medicamentos ha sido un área importante de investigación en la biología psiquiátrica. En estos estudios se han llevado a cabo avances en el tratamiento de la depresión», escribió en el año 2007 Simon Young, director de la revista *Journal of Psychiatry and Neuroscience.*

Diez años después, la depresión se posiciona como la principal causa de discapacidad en el mundo, según la Organización Mundial de la Salud (OMS). Este desorden mental afecta a más de 300 millones de personas. Al parecer, no se han conseguido las expectativas de Simon, al menos de momento.

La estrategia más simple para aumentar el nivel de serotonina en sangre consistiría en traer a la mente, de forma consciente, recuerdos felices, escribe el neurocientífico Alex Korb en el portal *Psychology Today.* Este doctor describe otras tres formas más para conseguirlo: exponerse a la luz del sol, recibir masajes cargados de amabilidad y amor, y hacer ejercicio físico aeróbico, tales como pasear, correr y andar en bicicleta.

Además, para aumentar los niveles de serotonina en sangre se necesitará descansar bien, disfrutar con los pequeños placeres de la vida y disponer de buenas relaciones sociales.

La **oxitocina** es la llamada hormona del amor.

Está relacionada con el desarrollo de comportamientos materno-filiales, con la creación de vínculo y apego.

La oxitocina también suele ser apodada como «la hormona de los vínculos emocionales» y como «la hormona del abrazo».

Según un estudio publicado en 2011 por la obstetra y ginecóloga india Navneet Magon, «la vinculación social es esencial para la supervivencia de las especies, en humanos y en otros animales, ya que favorece la reproducción, la protección contra los depredadores y los cambios ambientales, e impulsa el desarrollo cerebral».

Es el compuesto cerebral más importante en la construcción de relaciones emocionales de confianza. Cuando en la relación de pareja desaparecen los niveles naturales de oxitocina, la pareja «hace aguas». Algo que jamás veremos que pase en una relación maternofilial.

Es un químico tan necesario que los expertos se han atrevido a decir que la oxitocina es la hormona que **hace que la vida merezca la pena.** Hace la vida más agradable porque promueve el disfrute.

En combinación con las endorfinas, reduce el estrés, la presión arterial y el dolor. Está relacionada con la supervivencia de la especie, por eso está muy presente durante el cortejo, el encuentro sexual, el embarazo, el parto y la lactancia.

Una buena estrategia para aumentar los niveles de oxitocina consistiría en dar o recibir regalos, también cuando somos amables y bondadosos con otros, y dando abrazos, abrazos sentidos de verdad. Abrazar es una forma muy simple de conseguir un aumento de oxitocina, especialmente si abrazamos con el corazón.

La doctora Kerstin Uvnäs, doctora sueca con varios decenios de investigación sobre la oxitocina, aconseja también construir relaciones de confianza en las que se vaya poco a poco «negociando las expectativas» de la propia relación en cada momento para que ambas partes puedan cumplir con el vínculo emocional que las une, cosa que producirá niveles altos de oxitocina en cada encuentro entre las partes implicadas. Y que permitirá no desencantarse con la relación a largo plazo.

Es la hormona del amor infinito, y, a su vez, la del desamor instantáneo.

La **dopamina** es la hormona del placer, del deseo y de la recompensa.

Esta molécula, en palabras de Daniel Z. Lieberman, profesor y presidente del departamento de psiquiatría y ciencias del comportamiento de la Universidad de George Washington, condiciona cosas como de quién nos enamoramos, a quién votamos y que nos depara el futuro.

Es la hormona que nos hace desear lo que todavía no tenemos.

Y también la misma que nos hace sentir bien, a modo de recompensa, cuando conseguimos algo que queríamos. Recibimos un chute de dopamina cuando conseguimos lo que ansiábamos.

La mala noticia: este chute, tan dependiente de esta hormona, nos dura poco. Rápidamente nos vuelve a bajar la concentración de dopamina para que sigamos buscando nuevas emociones, nuevos retos.

Por cierto, también es la encargada de hacernos sufrir, sentirnos mal, si no conseguimos lo que estaba en nuestras expectativas.

La dopamina es la fuente de creatividad y, en un espectro más lejano, de locura. Y es la hormona clave responsable ante cualquiera adición y la vía hormonal necesaria para la recuperación de esta. Un químico claramente paradójico en sí mismo.

La dopamina es ese trocito químico de la biología que hace que un ejecutivo sea ambicioso, y a un deportista de élite le hace sacrificar todo en busca del triunfo. Esta hormona es la que hace que un artista o un actor sigan a tope, queriendo ser reconocidos cada vez más y más, a pesar de que hayan triunfado, tengan fama y estén forrados.

Es la que hace que un marido o una esposa contentos con su pareja lo arriesguen todo al enamorarse o ilusionarse por otra persona.

Es la fuente inagotable de eso que llamamos «el gusanillo», responsable de que nos cuestionemos cosas; lleva a los científicos a encontrar explicaciones a todo, a investigar y no cesar sus investigaciones. Y a los filósofos, a perseguir, teorizar y encontrar el orden, la razón, el sentido de las cosas.

Gracias a la dopamina triunfamos y prosperamos.
Gracias a la dopamina sufrimos.

¡Curioso!
Esta hormona es una bendición y una maldición. Una motivación y su recompensa.

Y todo esto en una pequeña molécula de carbono, hidrógeno,

oxígeno con un átomo de nitrógeno. Simple en la forma química, compleja en su función y resultado.

Es la sustancia con mayor responsabilidad en la conducta humana. También de su historia. De su evolución.

Nos obsesionamos con ciertos deseos u objetos por su culpa. Y nos aburrimos por su culpa. Está muy presente cuando nos interesamos por algo obsesivamente, y también cuando, de la misma forma, nos desinteresamos en poco tiempo. En todos estos casos la dopamina está presente. También cuando conseguimos mantener la esperanza en tiempos difíciles.

Una simple sustancia que genera fenómenos físicos y emocionales muy complejos en las personas.

«Los bajos niveles de dopamina hacen que las personas, y otros animales, sean menos propensos a trabajar con un fin», explica John Salamone, profesor de Psicología de la Universidad de Connecticut en Estados Unidos, sobre un estudio que publicó en 2012 en la revista especializada *Neuron* sobre los efectos de la dopamina en el cerebro.

Por lo tanto, la dopamina tiene más que ver con la motivación que cualquier otra hormona y, a su vez, también forma parte en la relación coste y beneficio de cada decisión.

Es la hormona del placer en todas sus dimensiones.

Este químico se dispara en gran cantidad cuando uno da el primer paso rumbo a un objetivo o propósito, así como cuando se cumple.

Además, se genera con cualquier actividad de la vida rutinaria, cotidiana como, por ejemplo, encontrar una plaza de aparcamiento libre para estacionar el coche, o por el hecho de recibir un ascenso laboral, o por cambiar de trabajo, o al encontrar nuestros ojos otra mirada de una persona que nos gusta andando por la calle, o al escuchar una música conocida, o por presentar unos resultados que apoyan una idea que venías defendiendo hace tiempo.

La mejor forma de elevar la dopamina, por ende, es establecernos objetivos o deseos a corto plazo, o dividir los grandes propósitos en pequeñas metas. Y celebrarlo cuando los cumplimos.

Celebrar, en general, es un gran elevador de dopamina.
También se aumenta practicando la gratitud.
Y cooperando con los demás.

Si volvemos al cuarteto formado por estas cuatro hormonas, veremos que las endorfinas y la dopamina interactúan entre sí para producir diversos efectos orgánicos, tales como la felicidad, el placer, la motivación y la pasión. La serotonina y las endorfinas se combinan entre sí para poder regular el estado de ánimo, el sueño, el apetito y la memoria. Las endorfinas con la oxitocina se relacionan en los comportamientos sociales, con la confianza, la sensación de satisfacción y con los sentimientos, especialmente con el amor y su generación de vínculo.

Todas juntas forman un cuarteto perfecto para el bienestar emocional.

Este cuarteto desempeña un papel importantísimo en muchos aspectos diferentes de nuestras vidas, incluido el enamoramiento, las negociaciones cotidianas y profesionales, la relación con la muerte de seres queridos, la atracción y el sexo, el placer de la comida.

Cuando experimentamos amor, se liberan las cuatro en el cerebro, en un torrente que provoca sentimientos de felicidad, placer y euforia. También en la práctica sexual, haciendo el amor.

Por otra parte, también se vierten en el torrente sanguíneo cuando reímos. La risa ha demostrado tener muchos beneficios para la salud, como la reducción del estrés, la ansiedad, la mejora del estado de ánimo y el aumento de la esperanza de vida. En este sentido, con la risa se produce una gran liberación de las hormonas del bienestar. Y, como resultado de la risa y de la liberación de estos químicos del cuarteto, aparecen estímulos positivos que limitan la producción de cortisol, molécula responsable del estrés.

El cortisol, junto con la epinefrina y otras formas de adrenalina, suele formar una orquesta cuyas partituras, y la música que se obtiene de las mismas, no es nada aconsejable, si en esos momentos no son necesarias. Son las hormonas que se liberan en los momentos de estrés.

Si ese estrés es producido por un efecto de peligro real, su música será bienvenida, nos ayudará a huir, a ser más creativos, a encontrar la salida.

Pero si es un estrés imaginado o innecesario, y mantenido en el tiempo, estas hormonas nos crearán más problemas que beneficios, tanto a nivel físico como emocional.

La música no estará afinada, el resultado de esta no será saludable.

Pongamos en funcionamiento el tocadiscos interno, para que se pueda interpretar una inmejorable sinfonía hormonal ejecutada por el cuarteto maravilloso hormonal que, al hacer sonar su música, nos permite sentir mejor, y mejorar nuestra función psicoemosocial.

Yo, **ahora lo sé.**

E intento que este cuarteto esté equilibrado y suene bien en mi interior.

¡Ah! Y cada día. Aunque no siempre lo consigo, en muchas ocasiones las partituras son extremadamente complicadas.

La verdadera medida del éxito
consiste en disponer
de un sistema nervioso
en CALMA.

DE DENTRO AFUERA

Si lo que persigues es triunfar,
te costará disfrutar.

PABLO D´ORS

Cinco minutos bastan
para soñar toda una vida;
así de relativo es el tiempo.

MARIO BENEDETTI

Ningún amor compartido
puede acabar contigo,
salvo el amor propio,
si no lo compartes contigo mismo.

Cuando disfrutas estás en comunión con lo que haces o con lo que estás experimentando. Cuando no disfrutas te separas del momento que vives. Por lo tanto, intenta pasar la mayor parte de tu tiempo en entornos en los que disfrutes. ¿No crees? Y, para ello, pon mucho corazón en todo lo que hagas.

Albert Camus decía: «En medio del invierno descubrí que había, dentro de mí, un verano invencible».

Y es así. Ese verano al que se refería Camus nace en el corazón, se alimenta de nuestra energía vital, resultado del sentir y del disfrutar con lo que hacemos, más allá de las circunstancias que nos rodean.

Las verdaderas transformaciones, el verdadero cambio o crecimiento personal, siempre se llevan a cabo de dentro afuera.

Desde fuera nos llegan los estímulos que pueden provocarlo, animarlo, aplaudirlo, pero es desde dentro desde donde se inicia y avanza.

Recuerdo una historia que leí en el libro *Cuentos para tener valor*, de mi querido y admirado amigo Álex Rovira, como coautor junto a Francesc Miralles.

Decía este cuento, en una corta versión, que la niña Laila, desde muy pequeña, tenía un bello don: dibujar y pintar con una gran sutiliza y precisión. Era una gran maestra de la pintura.

Para una ocasión especial, una afamada exposición, Laila preparó durante meses un cuadro en el que volcó toda su creatividad y empeño.

Todos los amigos y vecinos de su ciudad fueron a la exposición con ganas de conocer el cuadro de la joven Laila.

Por fin, llegó el momento tan esperado, la sábana que lo tapaba se deslizó hasta el suelo y toda la gente pudo ver un cuadro maravilloso a la vez que sorprendente. Al principio, se produjo un gran silencio, al que siguió un grandioso aplauso. La gente estaba impresionada. El cuadro era de una maestría inusitada.

Se trataba de un autorretrato. Mostraba a la artista mirando al espectador con ojos brillantes, al lado de un gran cerezo cuyas flores llenaban toda la copa en tonalidades rosas y blancas. ¡Maravilloso!

Y lo que más llamaba la atención era que el tronco del árbol tenía dibujada una misteriosa puerta a la que Laila, la chica pintada en el cuadro, parecía que tenía la intención de abrir.

Una vez terminada la presentación un compañero de clase de Laila le preguntó:

—Laila, ¿qué hay al otro lado de la puerta? ¿Y por qué la puerta no tiene pomo?

A lo que la pintora respondió:

—Porque es la puerta del corazón. Y el corazón no necesita pomo porque se abre desde dentro. Sin embargo, todo lo que sale de él puede verse y disfrutarse fuera, ya que alegra la vida de otras personas.

De dentro afuera. Ya sabes, el huevo si se rompe desde dentro trae vida. Si se rompe desde fuera termina con la vida.

¿Estás cultivando tu corazón, tu espacio interior para poder ofrecerlo fuera? Así se produce el auténtico crecimiento personal. De esto trata lo esencial de la llamada espiritualidad.

Es decir, consiste en aplicar todas las enseñanzas que en este libro he querido compartir contigo desde tu vida interior. No desde fuera. Enseñanzas que nacen en el interior de ti.

Yo tardé en descubrirlo. Mi vida siempre estuvo más fuera que dentro.

¿Y la tuya?

Ahora voy según el día, pero, al menos, ahora soy consciente,

ahora lo sé.

¿QUÉ QUIERO? (VERSIÓN 2023)

La vida nos enseña a aprovechar el tiempo.
El tiempo nos enseña a valorar la vida.

Ni antes ni después,
todo llega cuando tiene que llegar.
Conejo de *Alicia en El País de las Maravillas*

Muy poco…, casi nada.
Mirar al cielo y ver luz.
Cogerle la mano en una noche estrellada.
La compañía de mis amigos.
Un beso antes de dormir. Y otros inesperados.
Un abrazo de esos que te completan.
Los árboles y plantas de mi jardín.
El maullido de Zoe.
La mirada de Emma.
Memoria para recordar lo que fui…, y lo que sigo siendo.
Energía para seguir, para avanzar.
Una comida sencilla, compartida.
Leer libros, leer versos.
Escribir mis libros. Escribir mis versos.
Ser real y no perfecto.
Decir, varias veces al día, «te quiero».
Sentirte a mi lado. Especialmente cuando las cosas no van bien.
Unas carcajadas. Tu sonrisa.
Alegría para disfrutar de lo bueno.
Salud.
Sentir pasar el tiempo, que cada día vale más,
porque me queda menos.
Dejar de complacer a todos, olvidándome de mí.
Seguir aprendiendo, sin estar de vuelta de nada.

Esconderme, a veces solo, a veces contigo.
Tener el miedo como aliado, no como un freno.
No quejarme. Hacer las paces conmigo.
No dejar espacio a la tontería.
Llorar cuando merezca la pena.
Reír cada día.
Ya te decía…, casi nada.
Seguir viviendo.
Y ser una buena persona.

Tercera parte
FUNDIDO EN NEGRO

Un fundido en negro es la desaparición lenta y gradual de una imagen, de un sonido o de una luz.
La luz se va oscureciendo.

Así se van oscureciendo también las letras de este libro, mientras está llegando a su fin.
Fin que se tornará finalmente negro.

Se apaga esta luz, la del que lo escribe, para que se enciende la tuya.
Y, a partir de ahí, tú puedas elegir el color de tu luz.
Eso solo dependerá de ti.

AHORA LO SABEN

Y, sobre todo, no olvides que tu tiempo
es ese tiempo que te ha tocado vivir:
no otro, y no desiertes,
orgulloso o cobarde, cuando te sientas llamado
a tomar parte, como todo el mundo, en la lucha,
porque tu lugar solo puedes ocuparlo tú.
MIQUEL MARTÍ I POL

Los científicos dicen que estamos hechos de átomos.
Pero a mí un pajarito me dijo que estamos hechos de historias.
EDUARDO GALEANO

También la piedra está cansada
de que se tropiece en ella siempre la misma persona.
Lo leí en un cubo de basura

El mayor regalo que podemos hacerle
a otra persona es dejarla ser quien es.

Miles de velas pueden encenderse con una sola vela,
y la vida de esa vela no se acortará.
BUDA

Dicen que el secreto para vivir uno mismo en paz es no meterse en la vida de nadie, de otros. Yo quería respetarlo, pero no he podido, porque en este libro, como en todos mis libros anteriores, me he atrevido a invitar a algunos amigos, metiéndome en su vida, con un fin: preguntarles sobre lo más importante que ellos han aprendido, su **lección de vida**. Da igual la edad que tengan o a lo que se dediquen. Creo que nos han regalado unas bellísimas píldoras que hacen de este libro un proyecto más digno e interesante.

A todos ellos les he hecho la misma pregunta: «¿Cuál ha sido, hasta ahora, tu **lección de vida más importante?**».

A sus respuestas, como no podía ser de otra manera, las he llamado «lecciones». Creo que lo son. Estas lecciones las he ido recogiendo en este capítulo, en el orden tal conforme me han ido llegando.

Aquí os las dejo. No tienen desperdicio...

Y, además, como introducción a estas lecciones de vida, en el siguiente capítulo tengo la gran suerte de contar con un texto, un regalo, de mi admirado, y amigo, Álex Corretja, extenista profesional y comentarista deportivo en televisión, experto en tenis.

Os dejo su texto...

Lección 1:

Después de vivir una experiencia cercana a la muerte (física), me hice consciente de que lo más importante que tenemos (somos) no está fuera, sino dentro de cada uno de nosotros. Es nuestra verdadera esencia que se quiere manifestar, pero vivimos tan anestesiados que no la vemos o no la dejamos salir. Esto nos causa un gran sufrimiento. Para mí, una forma de acceder a ella es cerrar los ojos, respirar con atención plena, permanecer en silencio unos minutos. Y es así como aparece frente a mí, lo que soy en esencia

Karina Salas, psicóloga, fundadora de Healthy Leaders.

Lección 2:

La lección de vida más importante que he tenido hasta ahora es aquella que desde pequeñita mi madre me inculcaba, y de cuya verdad fui consciente años más tarde y por el devenir de la vida: «Todo depende de ti». Si la interiorizas, tu actitud te confiere el poder de disfrutar de una libertad de elección de vida, sin depender de nadie ni de nada.

Mayte Segura, odontóloga, directora de Implanlux.

Lección 3:

La vida no se detiene. La vida es ahora. No hay nada tan urgente ni tan importante como para que se detenga el reloj. Cada día son veinticuatro horas. Tú decides qué hacer con ellas. Habrá días malos y vendrán días buenos. Está en tu mano qué hacer con ellos. Los puedes disfrutar o los puedes pelear.

Siempre hay un nuevo día, una nueva oportunidad, para seguir, para aceptar o para cambiar. Da gracias siempre por el milagro de estar vivo, por los momentos que compartes con la gente que quieres, por las pequeñas cosas, por las rutinas…, quién sabe qué pasará mañana. Sé consciente, valora e intenta vivir en paz, y si hay algo que no te gusta, provoca cambio. Mientras haya salud y ganas, nunca es tarde para volver a empezar.

Eva Bolaños, encargada de cocina en el restaurante Casa Julio, y mamá.

Lección 4:

Como decía Ryan Holiday: «No creo que haya un único momento capaz de cambiar a una persona. Son muchos los momentos».

Es la suma de todos esos «momentos» los que me han brindado mis mayores aprendizajes y los que han forjado la persona que hoy soy. Creo que podría recopilarlos todos y resumirlos en una sola frase de Holiday: «El ego es el enemigo». El ego es el enemigo porque cuando damos esperando algo a cambio, no es generosidad, es ego. Porque cuando actuamos desde la culpa o culpamos a otros de nuestras desgracias, no es injusticia, es ego. Porque cuando sentimos que nos atacan, no es victimismo, es ego. Porque cuando queremos a alguien con condiciones, no es amor, es ego. Porque cuando tememos por algo, no es miedo, es ego. En definitiva, si vives bajo la ley de causa-efecto, literalmente dejas de vivir y pasas a ser una auténtica marioneta que pone su vida en manos de otros. Mi mayor enseñanza fue aprender a vivir desde la responsabilidad, que no significa otra cosa que saber mirar de dentro hacia fuera. Entender que todo resultado depende de mí independientemente de las circunstancias. Como bien dice mi querido amigo Fernando Botella: «No puedes cambiar a los otros; solo ellos pueden. Mejor, ¡cámbiate tú!». Por último, permíteme compartir contigo la pregunta más poderosa que puedes hacerte para que todos tus resultados, o al menos la percepción de estos, cambien por completo: «**¿Qué puedo hacer yo** ante estas circunstancias?». Interiorízala, reflexiónala y utilízala. Te cambiará la vida.

Ester Martínez, empresaria, mentora de ejecutivos y conferenciante.

Lección 5:

La lección más importante de mi vida ha sido y es el accidente de mi nieto Pablo. La primera noticia que nos dieron fue que había fallecido. Dos horas después nos informaron de que era un error, que estaba en coma terminal.

Salió de ese coma. Y ahora estamos viviendo su tercer año de recuperación, con muchas esperanzas, a pesar de la amputación de una pierna y del daño cerebral que todavía tiene.

Con un hecho de este calibre aprendes mucho, y te das cuenta de lo poco y «pequeños» que somos, insignificantes.

Y del dolor tan inmenso que hay en el mundo. Qué pena que los seres humanos seamos tan ambiciosos, no pensamos en los demás.

Ángel Ros, amigo, corazón sensible, cabeza lúcida.

Lección 6:

No se debe, ni se puede, vivir con miedo, ese miedo que se escribe y se siente con mayúsculas, ese que te bloquea y te pellizca el estómago, el que te hace pensar en el futuro y no en el presente. Cuando nos pasa, y sentimos que perdemos tiempo o echamos la vista atrás y sentimos que lo hemos perdido, no debemos fustigarnos.

Es una valiosa lección, al menos para mí. Porque no siempre podemos enfrentarnos a las cosas con la misma rapidez o bravura y no pasa nada. También nos va a traer algo bueno para nosotros. Siempre. Y esto hace que recordemos que somos humanos y por ende erramos. Y a la vida hemos venido a saltar y, si a veces nos pasamos un poco de más en la carrerilla del salto, perdonémonos, aprendamos, y hasta el siguiente brinco. Por miedo a estudiar mi pasión pasé por Medicina en Salamanca tres años hasta que di ese salto y me enfrenté a mis miedos. Y no ha sido ni fácil ni cuestión de suerte vivir de mi pasión, al contrario. Lo digo porque cuando uno resume estas cosas parece todo de color de rosa, ¿verdad? Y nada más lejos en mi caso.

Todo ha sido fruto del trabajo, esfuerzo, constancia, llanto, sacrificio y, de nuevo, saber perdonarte los errores profesionales y personales. Tardé años en perdonarme el no haber estudiado teatro desde el principio, pero si lo hubiera hecho, no hubiera pasado por Salamanca, no hubiera aprendido cosas de medicina y, fundamental, no tendría en mi vida ahora mismo esa ciudad, ni a la gente que a través de esos años se convirtió en mi familia. Así que, resumiendo, una gran lección de vida para mí es no olvidarnos de que no somos perfectos y que no pasa nada.

Sara Escudero, actriz y humorista.

Lección 7:

La vida es un viaje que no se puede hacer del tirón. Hay que buscar paradas para conectar con uno mismo; ver si uno va por donde quiere ir y cómo quiere ser. La vida es cambio, para surfearlo hay que ser flexible de cuerpo y mente para desaprenderse y aprender constantemente. A su vez hay que elegir la mejor ola para cada uno, en cada momento vital. Aquella que te haga avanzar disfrutando. Algo que solo pasará si se es honesto con uno mismo, cuando nos preguntamos qué es lo importante y con lo que disfrutamos, cuando se es valiente, consecuente para elegir el camino. No te dejes llevar, sé tú quien marca el paso en el viaje de tu vida.

Ruth Galiana, responsable de la unidad de desarrollo de personas en BSM.

Lección 8:

La lección más importante de mi vida fue durante la enfermedad y fallecimiento de mi padre, a la temprana edad de sesenta y tres años, tras sufrir una enfermedad neurológica degenerativa que le llevó a perder el habla y la movilidad casi en su totalidad. Esos años me sirvieron para incorporar en mi vida tres aprendizajes fundamentales: el primero, que la salud es lo verdaderamente importante, sin ella no tenemos nada. Tomé conciencia de lo efímeros y finitos que somos. Por eso, ahora, agradezco cada día despertar y gozar de todo lo valioso que tenemos. También fui consciente de lo que significa la palabra «amor», lo viví cada día en los cuidados de mi madre a él, durante los siete años que duró su enfermedad. Fue una mujer coraje que, desde el silencio y la humildad, me dio una lección de cariño y de entrega hacia los demás. Y el tercero de los aprendizajes fue aprender a no juzgar e intentar empatizar con los otros. Mi padre fue una persona poco habladora y escasa en cariño; mi sensación siempre fue que estaba ausente, que se ocupaba poco de mí, siempre pensé que no me quería demasiado; pero estaba equivocado, el último día de su vida mirándole a los ojos le dije: «Te quiero», una palabra que nunca habíamos pronunciado ninguno de los dos. Él me respondió con una sonrisa y, emocionado, dejó caer una lágrima por su mejilla. Mi padre me quiso a su manera, como le enseñaron a querer, no voy a juzgarle por ello. Ahora sé que me quería mucho.

Jesús Puche, actor y guionista.

Lección 9:

He aprendido que las personas, en muchas ocasiones, se dejan más llevar por las apariencias externas, también por lo que otros puedan pensar o querer, o por su propio egoísmo, incluso en contra de lo que sería coherente, en lugar de decidir y hacer lo que su corazón les manda.

Josette Erades, mariposa libre, hada madrina.

Lección 10:

Piano, piano. Este fue el *motto* que me hizo adoptar un entrenador durante mi formación baloncestística: *piano, piano.*

Todo acaba llegando, más tarde o más temprano; creamos que es para nosotros o no lo creamos, creamos que somos merecedores de ello o no. Durante muchas etapas de mi carrera profesional las ganas de recorrer el camino muchas veces se han convertido en ir haciendo camino, sin más, sin ni siquiera permitirme pararme a observar lo que tenía a mi alrededor. Las expectativas, la presión por conseguir un objetivo, la competitividad mal gestionada y la ansiedad que todo eso conlleva son malas compañeras de viaje.

Sin embargo, gracias a ellas he podido aprender que ese camino se puede recorrer de manera distinta. Uno puede viajar teniendo esperanza por aquello que está por venir, con ganas de disfrutar del momento, aprendiendo del error y, sobre todo, quizá lo más esencial, parando a respirar. Todavía me quedan muchas cosas por aprender, y si algo sé que quiero es seguir desde aquí con esta filosofía de *piano, piano*.

Montserrat Brotons, jugadora profesional de baloncesto.

Lección 11:

Dos sencillas ideas: sé valiente, márcate retos, trabaja duro y ve a por ellos. Vive intensamente el camino, disfruta de las alegrías y gestiona los sinsabores y trata de compartir con alguien las dos cosas para que el camino sea mejor. Y sé humilde; humilde para respetar a los demás y humilde para entender que todo el mundo te puede aportar algo y que de todos puedes aprender, tanto las cosas que debes hacer como las que no debes.

Roberto García, CEO de Redeia.

Lección 12:

Hace cosa de veinte años asistí a un curso de improvisación teatral, impartido por (su excelencia) Santiago Sánchez, actor, director teatral y reconocida autoridad internacional en «el arte de improvisar». Este curso me marcó, fue oro puro, y de todas las lecciones que recibí hubo una que utilizo constantemente. Todos los allí presentes nos enfrentábamos a técnicas de improvisación por primera vez en nuestras vidas. De vez en cuando surgía un ejercicio que nos parecía difícil, muy difícil. Santiago, con una sonrisa, siempre nos decía: «No es difícil. Es apasionante». Y con esa nueva actitud, cambiando lo negativo por lo positivo, nos enfrentábamos al ejercicio. Así salía adelante, claro que salía, y a veces de forma genial.

Con cada paso que damos hay dificultades, siempre. Y siempre las habrá, porque a medida que vivimos nuestras circunstancias cambian, y con ellas los retos, que se renuevan. Siempre habrá obstáculos, problemas y situaciones «difíciles», que a veces lo son simplemente por ser nuevas. Cada vez que me enfrento con algún nuevo reto, recuerdo la frase de mi profesor. «No es difícil. Es apasionante». Y me pongo en marcha.

Manuel Feijóo, contador de historias.

Lección 13:

Nada hay más importante que estar satisfecho y en paz con uno mismo. Se trata de que encontremos la valentía para luchar con el fin de que nuestro trabajo sea nuestra mayor pasión. Cada momento es único e irrepetible, y por ello lo tenemos que vivir como tal. El tiempo, la salud, la familia y los amigos son fuentes de riqueza más importantes que el dinero. Y que el arte es bello, cuando el proceso artístico también lo es.

Daniel Abad Casanova, director de Orquesta Internacional.

Lección 14:

Siento que no dejo de recibir grandes lecciones, diría que cada semana o cada día. Y no solo desde el reino de lo humano. Y me cuesta esa medida para saber qué lección es la más o menos importante, aplicar ese rango me es difícil, porque las lecciones llegan a diario, aunque solo las recibes cuando las necesitas, y es entonces cuando cada una es la más importante. No obstante, me has hecho pensar...

Yo tuve una abuela, la tengo, que, aunque no sabía leer ni escribir, era una sabia en materia humana y una erudita del refranero, el ocultismo, la copla y las palabras soeces. (A través de ella, que no sabía leer, accedí a la literatura. ¡Bendita sea!). Sus lecciones en forma de refranes, de dichos y estrofas a menudo fueron auténticas puertas a un nuevo mundo, y casi siempre un consuelo infinito.

Una de sus lecciones, en forma de refrán, que me acompaña y me guía aún hoy, que ya ha pasado a mis hijas y que trato de compartir cuando lo veo necesario, es: «Si te compras el burro cojo pensando que sanará, si el sano *encojea*, del cojo qué será». «Déjalo estar, nena, ahora que puedes», me decía...

Esperanza Navarro, directora de RR. HH. en Gioseppo.

Lección 15:

La vida me ha permitido aprender que quererse a uno mismo, no juzgarse y tratarse con cariño, como hacemos con los demás, es la mejor manera para evolucionar y crecer. Saber poner límites a los demás no significa que no sean importantes para ti, significa que tú también eres importante e, igual que los demás merecen que los cuides, te mereces cuidarte a ti mismo. Siempre me fue muy difícil decir que «no», saber parar cuando había que parar, decir lo que creía que tenía que decir. Siempre buscando la aceptación de los demás. Pero eso no me permitía defender que mi verdad no tiene por qué ser la tuya, que lo importante es hablarlo, y que los dos conozcamos lo que el otro espera. Y que no debería haber castigos por ello. También he aprendido, y esto me costó muchísimo, que no es necesario seguir luchando por algo hasta la extenuación, por mucho que lo consideres tuyo, por mucho que sepas que «ahí no es» porque no te hace sentir cómoda ni feliz. Que aprender a «soltar» es doloroso, pero a la vez liberador. Que te permite abrir un mundo de posibilidades, y la capacidad de elegir de nuevo dónde y cómo quieres estar. He podido aprender que hay que buscar el lugar (relaciones, trabajos, esto extensible a todos los ámbitos de la vida) donde seas feliz siendo tú mismo y te encuentres en calma, apreciada, valorada por cómo y quién eres. Algo que leí hace tiempo me ayudó mucho una vez, y lo he seguido manteniendo como mantra «Si estás cansado, aprende a descansar, no a abandonar», ha sido lo que ha permitido que hoy piense que no pasa nada por darse de bruces una y otra vez, porque todo pasa, y lo importante es creer en uno mismo y rodearse de los que siempre están ahí. Los que han visto lo peor de ti y aun así siguen apostando por todo lo que hagas. No dejes que nadie te haga dudar de ti mismo, ni siquiera tu. Y quiérete, quiérete mucho, porque solo queriéndote tú podrás enseñar a los demás de qué manera necesitas que te quieran.

Beatriz Alemán, HR Business Partner en Transunion

Lección 16:

Mi lección la resumiría en dos puntos, serían:

    1. Existe más de una sola verdad.

2. Somos más de lo que pensamos que somos.

(Punto 1). Me crie en un pequeño pueblo, al este de Polonia, donde los vecinos sabían a qué hora volvías de la fiesta antes que tus propios padres ☺. He tenido la suerte de vivir en varias culturas, lo que me ayudó a entender que **la verdad** que enseñan de pequeño a un polaco, un inglés, un latino o un keniata no es la misma. Todos creemos estar en posesión de una verdad sobre cómo hay que vivir, cómo hay que educar a los hijos, cuál es el mejor remedio casero para un constipado, qué es ser un buen marido, una buena madre, una persona vaga, trabajadora, atractiva, qué significa tener éxito. Esa «**posesión de la verdad**» es el origen de los prejuicios, pero afortunadamente hay **algo** que disminuye todas las diferencias entre nosotros y ese algo, para mí, es **el amor**. El amor que nos hace humanos. Cuando uno empieza a entenderlo, empieza a entender que aprendemos para desaprender y que somos mucho más de lo que pensamos que somos. (Punto 2). Somos de lo que nos rodeamos, a lo que nos acostumbramos, lo que decidimos ver y apreciar, somos en lo que nos fijamos. Por lo tanto, no somos el pueblo en el que nacimos ni lo que nos dicen. Somos mucho más y de más colores. Tal vez es solo «mi verdad», resultado de mis vivencias, pero me gusta, me permite relativizar, me hace libre, me permite compartir más y con más amor.

Kasia Grusky, fundadora de la ONG Things Happen.

Lección 17:

He procurado aprender de muchas situaciones y de muchas personas con las que he tenido la suerte de toparme en mi vida. Pero creo que la lección más importante de todas me la ha dado mi sobrino, Rafael Nadal, a lo largo de muchos años; desde que en 2005 le diagnosticaron una grave lesión y nos auguraron el final de su carrera deportiva. Sin embargo, jamás le vi la intención de abandonarse a la queja ni de dejar de luchar, de perseguir sus retos.

Toni Nadal, entrenador profesional de tenis.

Lección 18:

Uno de mis mayores aprendizajes ha sido descubrir lo extraordinario en lo ordinario. Darnos cuenta de que la experiencia de vivir, incluso cuando estamos anclados en una rutina que conocemos bien, está llena de hallazgos singulares que, con frecuencia, no vemos facilita contemplar nuestra existencia con asombro y alegría. La magia de las pequeñas cosas transforma nuestra vida, nos hace más conscientes y agradecidos. ¿Cómo podemos llegar a ella? Mi fórmula es activar la curiosidad, observar sin juicio todo alrededor y no dejar de hacer preguntas que siempre me llevan de una situación cómoda a otra donde puedo expandirme y crecer.

Teresa Viejo, periodista, escritora, conferenciante. Experta en curiosidad.

Lección 19:

Es difícil, cuando ya has superado cierta edad y te han sucedido muchas cosas, elegir solo una o determinar cuál es la más importante. En mi caso, he tenido la suerte de recibir una lección muy similar procedente de varias personas y, como dicen que la repetición del estímulo potencia los circuitos, me ha servido para aprender bien la lección. En numerosas ocasiones he compartido un diagnóstico fatal y la experiencia de un pronóstico vital corto que se acompaña de una decadencia física progresiva. He visto cómo personas magníficas han aprovechado esta circunstancia para crecer, para acercarse a sus familiares, para ser genuinos, para compartir con generosidad los breves y cada vez más escasos buenos momentos y para intentar hacer felices a los que las rodean. Finalmente han abrazado el final con agradecimiento por la vida compartida y se han despedido rodeados de los suyos con una sonrisa en los labios. Una lección de dignidad y de sabiduría que me hace pensar que el mundo está lleno de buena gente y que me ha permitido mejorar como persona.

Carmina Díaz, neuróloga, jefe de Servicio Hospital General de Alicante.

Lección 20:

En lo personal algo aparentemente sencillo, pero en realidad muy complejo: encontrar la felicidad en momentos sencillos, esos instantes que hacen que todo merezca la pena.

En lo profesional, reconocer desde muy joven mi propósito. Mark Twain dijo: «Los dos días más importantes de tu vida son el día en que naces y el día en que descubres por qué».

Jorge Blass, ilusionista.

Lección 21:

Todo es un regalo.

Cuando uno tiene consciencia de que todo lo que tenemos y somos es un regalo, ahí encuentra el verdadero sentido de la vida.

Marie Neige, llegando a ser.

Lección 22:

Me han ayudado tres pensamientos ajenos:

1. «Tratar con la gente y con uno mismo es, probablemente, el mayor, más apasionante y maravilloso reto que tenemos» (adaptado de Dale Carnegie).
2. «Sé impecable con tus palabras y no te tomes nada personalmente» (dos de los acuerdos vitales que nos propone el doctor Miguel Ruiz).
3. «No dejes que nadie se acerque a ti sin que al marchar se sienta mejor y más feliz», un sencillo pensamiento de la Madre Teresa de Calcuta.

Y estos tres pensamientos desembocaron en mi lección de vida más importante: «La calidad de nuestra vida depende de la calidad de nuestras conversaciones», tanto las que tenemos con otros como las que mantenemos con nosotros mismos.

Leo Farache, director general de la Agencia de Medios.

Lección 23:

La lección más importante de mi vida ha sido ver y vivir la entrega de las personas que creen, que saben que el éxito en la vida es servir y amar a los demás. Yo a eso lo llamo la grandeza de los más sencillos.

Asunción Sánchez, química y política.

Lección 24:

Para ser exitoso en todos los ámbitos de tu vida, necesitas un equilibrio de Educación, Experiencia y Exposición.

El conocimiento es lo único que propulsará tu carrera y mejorará tu calidad de vida. Aprenderás grandes lecciones de esto que llamo las tres E. Los ingredientes para el éxito son tener una actitud de *sí puedo* y ser fidedigno para que las personas puedan confiar en ti. Lidera tu vida con empatía y disciplina, además gestiónate con justicia y firmeza.

Y por último, no lo menos importante, no subestimes lo que puedes alcanzar y la influencia que puedes ejercer en los demás.

Lee Cockerell, vicepresidente ejecutivo de Walt Disney World® Resort (jubilado e inspirado).

> Los vacíos en el **ser**
> no se cubren con los del tener.
> Mis amigos,
> que generosamente han participado en este capítulo,
> lo saben;
> lo han plasmado en sus lecciones compartidas.
> Soy muy afortunado.

TIEMPO, PAZ Y AGRADECIMIENTO

«Esencial» es una palabra sencilla en sí misma y compleja en el modo de hacer que sea una realidad en nuestro quehacer diario. Es un concepto que va cambiando en una misma persona dependiendo de las etapas en las que te encuentras, al menos, en mi caso ha sido así.

Durante un tiempo largo de mi vida entendí como esencial dar el cien por cien de mis capacidades profesionales, y así poder dormir tranquilo el día que me retirase.

Hoy en día, esencial para mí es lo mismo, dar mi mejor versión, pero no solo a nivel profesional, que también, sino más relacionado con lo personal, estando cerca de mis hijas, de mi pareja, de mis padres, de mi familia y amigos en general.

También he aprendido a decir que «no» a muchas cosas, algo que en pasado no hice, especialmente por el qué dirían.

Ahora por fortuna esto ha cambiado.

Lo más esencial ahora en mi vida es decidir qué quiero hacer con mi tiempo, con mi propia vida, y elegir con quién quiero compartir mis momentos.

Esto se ha convertido en lo prioritario para mí.

Cada uno debe buscar su esencialidad dentro de sí mismo.

Encontrar en su interior en qué quiere invertir su tiempo.

Esto nos convierte en seres únicos.

Y también para mí, algo que considero esencial es aprender a vivir en paz, en un estado mental de calma, con la tranquilidad de saber que respeto a los demás y cuido el ser respetado.

Por último, también es ESENCIAL practicar el AGRADECIMIENTO.

ÁLEX CORRETJA

SER

¿Quién soy cuando nadie me mira?

Quiero **ser paciente y confiado**.

Oí decir a mi admirada Anne Igartiburu que la paciencia es saber «esperar contentos», y yo me atrevo a añadir confiando que el universo, tu universo, está a tu favor. La paciencia es lo más difícil de atender espiritualmente. Todo lo que es naturaleza, en estado puro, paz y belleza, descansa en la paciencia. La paciencia requiere alimentarse de tres fuentes: tiempo, silencio y esperanza.

La paciencia es la ciencia de la paz.

Según **Jon Kabat-Zinn**, la paciencia no es la habilidad de esperar, sino la capacidad de mantener una buena actitud mientras esperas, especialmente cuando las cosas se ponen difíciles.

Las cosas van ocurriendo a su ritmo. Podemos intervenir en el mismo, y modificarlo, pero si somos capaces de vivirlo, de verdad, con paciencia.

Quiero **ser muchos personajes en uno mismo**. Cambiar. Avanzar de forma continua, con un movimiento acelerado, que sea en modo rectilíneo o exponencial, según de lo que se trate. Rectilíneo cuando se trata de mí «no hacer», de mi familia, de mis amigos, de mi naturaleza... Y exponencial en el trabajo, en el aprendizaje continuo, en la mejora cotidiana.

Quiero **ser coherente**. Conmigo. Con lo que pienso y hago. Contigo.

Quiero **ser luz**, porque tengo sombras. Sin la sombra no existe la luz. Quiero ser luz que brille en la oscuridad.

Quiero ser oscuridad, que también a veces es necesario; oscuridad que busque su luz.

Quiero **ser el creador** de casi todo lo que me ocurre, aunque no pueda elegir siempre, aunque todo no esté bajo mi control. Es ahí donde está Dios, en la creación.

Quiero **ser para que ellos sean.** Dejar ser a cada uno como es, sin pretender cambiarlo.

Quiero **ser honrado conmigo mismo,** y no querer ser lo que no soy.

Entenderme con mis inseguridades, con mis flaquezas, con mis debilidades, en mi estado natural de vulnerabilidad.

Quiero **ser incondicionalmente amoroso.** Que el amor sea la ley más destacada y que rija mi vida.

Mi propósito no es ser reconocido, ni nada por el estilo. Ni siquiera mi meta actual es llegar a ser alguien importante.

¿Por qué? Porque yo ya **soy** (… sin el «lo» de «lo soy», 😃).

Ser, esto es lo verdaderamente importante.

Quiero **ser ecuánime.** La ecuanimidad es el término que resume todo lo que quiero ser y que he ido comentando en este texto. Ser ecuánime es evitar el apego a las sensaciones, vivencias y estados mentales agradables, a la vez que también saber evitar la aversión a lo desagradable. Ser ecuánime es mantener una mente firme, no infectada por el pasado, y ser libre de reacciones y expectativas que rompen el ánimo estable y sereno. Ser ecuánime es mantener una mente equilibrada.

La ecuanimidad es una de las santas moradas, también llamadas, por la mística, estados celestiales. A mí me gusta más utilizar el término **estados de vida sublime.**

Son cuatro: **Ecuanimidad, Amor, Compasión y Altruismo alegre,**

(permítame ponerlas en mayúscula).

Todo esto quiero ser. Y más…

¡Qué fácil escribirlo! ¡Qué difícil serlo!

Yo no borro nada de lo que mi vida me trajo, de lo que fue hasta ahora.

Cada cosa, por pequeña o mínima que fuese, me hizo llegar aquí, me encendió o apagó alguna luz. Las cosas buenas que me han pasado me han enseñado a amar la vida, a valorar lo que tiene sentido, separándolo de lo que no, de lo accesorio.

Y las cosas malas, que también las ha habido, me han enseñado a saber vivir. Sin embargo, si pienso en el futuro, no en lo que ya me ha sucedido, quiero llegar a **ser** todo aquello que me falta. Y deseo y necesito. Y que el viaje al futuro previsto me facilite borrar todo aquello que me sobra. Por ejemplo:

Me falta un poco más de silencio. Me sobra ruido.
Me falta presencia. Atención. Me sobra distracción.
Me falta paciencia. Me sobra urgencia.
Me faltas tú. Me sobro yo.

Leí una frase a mi amiga Eva Bolaños que decía: «Estoy en un momento de mi vida donde quiero paz y tranquilidad. Así que si me dicen que 5+4 son 10, les doy la razón. Yo sé que son 9, pero me da igual, no me importa».

¡Pues eso! Se acabó querer tener razón en todo. Ya no me importa.

Todo esto **ahora lo sé**.

Y sé que las palabras, a veces, confunden a la idea, por eso lo que ahora necesito es menos ideas, y más HACER lo que tengo que HACER. Y también pasar. Y contemplar, sin necesidad de pensar, ni de estar en estado continuo de acción.

Sé que mi verdadero maestro siempre fue la experiencia. Y lo seguirá siendo. Por eso, lo que quiero es vivir la vida viviendo más y pensarla menos. Convertir mi energía de sabiduría en LUZ.

Y ganar libertad con relación a lo que pasa fuera de mí. Y sobre lo que me dicta mi mente.

Y, llegados a este punto, también sé que la vida es muy corta como para guardar ese supervino que a uno le regalaron para una ocasión especial. ¿Y si esa ocasión esperada como especial no llega?

¿Y ese momento es AHORA, no dejarlo para después, y eso es lo que lo hace especial? (Metáfora que explica casi todo).

SAVASANA

Comienza en cada momento tu viaje
siempre sentado en el presente.
Y el final llegará solo.

Lleva tiempo llegar a ser joven.
PABLO PICASSO

La conciencia receptiva te abre a la vida.
La fuga de la distracción es un sendero muerto.
Quien es consciente está totalmente vivo.
Quien está distraído es como si ya estuviera muerto.

Savasana es la postura, o asana, que se utiliza al final de la sesión de yoga.

Es la unión que sella la práctica, creando la quietud y concentración necesaria, en estado de relax, meditativo, para que cuerpo y mente se integren, para que, en realidad, nos podamos llevar tras la sesión todos los beneficios y aprendizajes del ejercicio realizado. Eleva a real todo lo ejercitado.

De igual manera, en este texto, hemos llegado al momento *savasana*.

Toca parar, sentir, meditar, contemplarnos… para luego seguir.

Y por ello es momento de volver a la introducción de este libro, recordando que es necesario que

PARES,
RESPIRES,
CONTEMPLES
SIENTAS,
HAGAS
Y DES LUZ A TU VIDA.

BAJA EL TELÓN, POR MARCOS GÓMEZ[3]

> El hombre debe ganar su felicidad mediante el sufrimiento;
> es la ley de la tierra.
>
> FIODOR DOSTOIEVSKI

Hay algunos criterios grandes e inmutables en los cuales se hace patente el significado del ser humano. El dolor es uno de ellos; él es el examen más duro en esa cadena de exámenes que solemos llamar vida. El sufrimiento está ahí, para todas las personas, como uno de los misterios de la vida humana, doloroso y omnipresente. Es una de las grandes preguntas sobre la vida, sobre el hombre y sobre Dios, a la que hay que darle una respuesta y un sentido. Así escribe Antonio Gala: «La no aceptación del destino final es lo que más desasosiega al ser humano. No el sufrimiento, no el dolor, no la vejez, no la muerte, sino su incomprensión». Decía Viktor Frankl: «El Hombre no se destruye por sufrir, sino por sufrir sin ningún sentido».

Hay dos aspectos que definen el sufrimiento: que es inevitable y que, aunque inicialmente pueda sonar paradójico, puede ser una oportunidad de crecimiento interior o espiritual, de mejora, de rectificación, de aprendizaje, en nuestras vidas. Es cierto que mientras la vida transcurre por los cauces normales es poco probable que introduzcamos alguna novedad importante. Es en las crisis cuando la vida nos abre los ojos y nos invita a repensar y reordenar nuestro caminar, reordenar nuestra escala de valores. Lo expresan muy bien estos versos de León Felipe:

> Yo te veo, Señor, con un hierro encendido,
> quemándome la carne hasta los huesos...
> Sigue, Señor, sigue,
> que de ese hierro han salido mis alas y mi verso.

3. Fundador de la Sociedad Española de Cuidados Paliativos.

Me dispongo a describir someramente, las diferencias entre dolor y sufrimiento, así como las antedichas dos características del sufrimiento, para terminar mi experiencia, mi camino de Damasco, la crisis que me hizo cambiar.

Dolor y sufrimiento

> Para desembarcar en la isla de la sabiduría
> hay que navegar en un océano de aflicciones
> **SÓCRATES**

> Nadie se conoce a sí mismo hasta que no ha sufrido.
> **LOUIS-CHARLES-ALFRED DE MUSSET**

No siempre coinciden dolor y sufrimiento. El parto suele doler mucho pero no provoca sufrimiento. El duelo por la pérdida de un ser querido no duele, pero suele provocar un gran sufrimiento. Por mucho daño que nos haga un dentista, raramente podremos hablar de sufrimiento: sabemos el significado de ese dolor y, sobre todo, su limitación en el tiempo. La misión de los profesionales de la salud es, precisamente, el alivio del dolor y del sufrimiento, así como el posponer el momento de la muerte (curar enfermedades), siempre que sea posible.

El dolor tiene un sentido físico y el sufrimiento, un sentido metafísico. El dolor se suprime con analgésicos, el sufrimiento no. El primero nos invita a reflexionar sobre el cuerpo; el segundo suscita preguntas más profundas y existenciales. Solo el sufrimiento nos abre las puertas del conocimiento profundo de la vida. El dolor del cuerpo y el dolor del espíritu, no obstante, parecen estar de alguna manera relacionados. La desdicha es inseparable del sufrimiento físico y, sin embargo, completamente distinta. Incluso en la ausencia o la muerte de un ser amado, la parte irreductible del pesar es algo semejante a un dolor físico, una dificultad para respirar, un nudo que aprieta el corazón, una necesidad insatisfecha, un hambre o el desorden casi biológico originado por la liberación brutal de una energía hasta entonces orientada por un apego y que deja de estar encauzada. Hablando de su propia muerte escribe José Bergamín:

> *Siento que paso a paso se adelanta*
> *al doloroso paso de mi vida*
> *el ansia de morir que siento asida*
> *como un nudo de llanto a la garganta.*
> *Fue soledad, fue daño y pena, tanta*
> *pasión que, en sangre, en sombra detenida,*
> *me hizo sentir la muerte como herida*
> *por el vivo dolor que la quebranta.*
> *[...]*

El alivio del dolor es casi siempre posible. El alivio del sufrimiento, no tanto. O como dijo G. Giusti «Los sufrimientos del alma nos elevan; los del cuerpo nos abaten».

No obstante, debemos tener presente que muchas veces en la literatura algunos autores utilizan indistintamente ambas palabras.

El sufrimiento es inevitable

> El que larga vida vive mucho mal ha de pasar.
> MIGUEL DE CERVANTES

> Detrás de cada cosa hermosa, hay algún tipo de dolor.
> BOB DYLAN

El sufrimiento es casi siempre incomprensible e inexplicable.

Que el sufrimiento es inevitable e inherente a la condición humana es una triste evidencia. El dolor, el sufrimiento y la muerte son realidades inevitables. Son el lado sombrío de la vida. El dolor está extendido en la tierra en proporción infinitamente más vasta que la alegría. En este sentido la historia de un ser humano se comprende mejor a través de sus duelos que de sus júbilos, de sus dolores que de sus placeres, de sus fracasos que de sus éxitos. Quien crea que no ha sufrido solamente debe tener un poco de paciencia. Así decía Séneca en una de sus célebres *Epístolas morales a Lucilio*: «¿Te enteraste ahora por vez primera que se cierne sobre ti la amenaza de la muerte, del destierro, del dolor? Has nacido para estos trances. Cuanto puede suceder pensemos que ha de suceder».

El sufrimiento, pues, no es un accidente, es la consecuencia de nuestra imperfección, de nuestro ser creado y humano. Es inevitablemente humano y humanamente inevitable, porque no somos dioses. Somos seres creados, una combinación de materia y de espíritu, cualquiera que sea la interpretación que cada uno le dé. Como acontecimiento humano, entonces, no hay manera de poderlo evitar, solo hay diferentes modos de enfrentarlo y de darle sentido. Según señaló Flannery O'Connor: «El mal no es simplemente un problema para resolver, sino un misterio que hay que sobrellevar».

Karli, enfrentando absurdo y misterio, dice: «Hoy los científicos tomaron conciencia de que tienen pocas probabilidades de explicar totalmente el hombre, el mundo y la relación del hombre con el mundo». Tenemos entonces que elegir entre lo absurdo y el misterio. El creyente acepta el misterio; el no creyente tiene que refugiarse en el absurdo y arreglarse con eso, porque la razón ya no le aporta todas las respuestas. Yo prefiero ir del lado del misterio, porque veo en ello más esperanza y más amor que del lado de lo absurdo. El absurdo no puede generar esperanza; el misterio, sí». Así dijo el probabilista francés Blaise Pascal que «es mejor creer en algo que no es, que no creer en algo que es».

La vida de todo hombre viene a ser un suspiro intermedio entre dos lágrimas: la del nacimiento y la de la muerte. Claro que ese intervalo del «suspiro intermedio» no es para todos los hombres lo mismo. A unos parece que la vida les presenta un rostro jovial. A otros, en cambio, un rostro cargado de amargura. Para unos casi siempre brillan las estrellas. En cambio, para otros la noche es cerrada y el día tormentoso.

Según Callahan, incluso para aquellos de nosotros que tengamos la suerte de vivir una larga vida y gozar de buena salud, no se ha encontrado la manera, y jamás se hallará, de evitar por completo el dolor y el sufrimiento consustanciales a la vida humana. Sin ir más lejos, los humanos hemos demostrado una gran habilidad para crear nuestro propio sufrimiento. Esta triste realidad ha quedado ampliamente patente a través de la multitud de guerras y catástrofes sociales sin precedentes que caracterizaron el siglo xx. Durante dicho siglo, junto a los notables avances médicos registrados se han desarrollado las armas nucleares y biológicas, capaces, si no se las controla adecuadamente, de sembrar la muerte y mutilar a seres humanos con la misma eficacia que las devastadoras pestes y epidemias de épocas pasadas.

Para Schopenhauer, padre del pesimismo moderno, que encontró consuelo en la tradición india y, más concretamente, en el budismo, el ser humano está condenado a enfrentar el sufrimiento que la propia individualidad existencial le procura. «Así como rechazamos una medicina amarga, nos resistimos a aceptar que el sufrimiento es esencial a la vida», concluyó el denominado Buda de Frankfurt. Por lo tanto, aceptar que vamos a sufrir en nuestra vida es un primer paso imprescindible si queremos alcanzar algo parecido a una cierta paz de espíritu que nos aleje de la melancolía y de la desgracia. «Toda vida es sufrimiento», resumía el filósofo. Decía Schopenhauer que, con no ser desgraciado y tener una buena y serena vida, ya se es feliz. La felicidad es la tranquilidad. Cuando tú estás tranquilo, apacible, sereno, no le pidas más a la vida.

Sufrir, envejecer, morir son las dimensiones de la humanidad exploradas para la rehumanización de la medicina, la transformación de esta en clave humanística. Estos tres verbos conjugan los mayores interrogantes humanos, aquellos que ponen todo en cuestión, y por lo tanto son también las musas que rescatan el arte de curar de su sinecura antropológica y metafísica, de su sistemático olvido del hombre de «carne y hueso» en la era científico-tecnológica.

El sufrimiento puede constituir una oportunidad

El que acepta sufrir sufrirá la mitad de su vida;
el que no lo acepta sufrirá durante su vida entera.

Confucio

Y de las penas de ayer brotarán mañana versos.

Francisco A. de Icaza

Nadie es inmune a la tragedia. Las personas tienen que enfrentarse con el sufrimiento. No todos lo hacen igual. Unos se envenenan, otros se empequeñecen, otros se engrandecen.

No es que haya sufrimientos que destruyen y sufrimientos que elevan, unos que degradan y otros que dan vida. Cualquier sufrimiento puede dar resultados dispares. Son las personas quienes se destruyen o se edifican con el sufrimiento. No depende del sufrimiento, depende de las personas. Hay gentes que se derrumban con las penas cotidianas. Hay otras a las que no quiebra ni la tortura. Unas son débiles, otras son fuertes.

El sufrimiento es inesperado y no perdona. Se reviste de mil formas: enfermedad, amputación, ceguera, vejez, muerte, injusticia, fracaso, traición, cárcel, remordimiento, accidente, desastre natural..., y así sin término. Unos podrían soportar la amputación de un miembro, pero no la quiebra económica; otros aguantarían la pérdida de sus bienes materiales, pero no el desprestigio; otros preferirían la muerte de un ser querido a la cárcel; otros son fuertes ante el dolor físico, pero no ante la humillación. Unos escogerían el hambre sobre la indignidad; otros, los bienes materiales sobre la dignidad; unos prefieren la muerte a la esclavitud; otros deciden vivir, aunque sean esclavos; unos optan por su conciencia y otros por su bienestar; unos eligen el daño propio antes que el daño ajeno; hay quienes dan la vida por salvar a otros y hay quienes matan por salvarse.

En su último diálogo *Las Leyes* dice Platón que las personas tenemos dos maestros potentes y ciegos: el placer y el dolor.

No solo el goce, también el sufrimiento y la vulnerabilidad deben escucharse. En el mismo sentido Blanc de Saint-Bonnet decía que solamente el dolor penetra en el alma lo bastante para hacerla más grande. Él despierta en ella sentimientos hasta entonces insospechados. Hay en el alma lugares muy encumbrados donde duerme la vitalidad, y donde solo el dolor puede llegar.

Cada uno de nosotros da un significado diferente a situaciones que producen dolor, y ese significado afecta mucho al grado y la cualidad del dolor percibido. Así decía Séneca: «No importa qué, sino cómo sufrir», dando una importancia decisiva a la forma de enfrentarnos al sufrimiento como algo definitiva y exclusivamente humano y que traduce la dimensión espiritual del hombre.

Aunque quizá nunca comprendamos la causa de nuestro sufrimiento ni seamos capaces de controlar las fuerzas que lo causan, todavía nos queda mucho por decir sobre cómo nos afecta el sufrir y en qué clase de personas nos convierte. El dolor transforma a alguna gente en amargada y envidiosa; a otra, en sensible y compasiva. Es el resultado —y no la causa— del dolor el que hace significativas a ciertas experiencias dolorosas y vacías y destructivas a otras.

Hace unos años, Iker Casillas (legendario guardameta del Real Madrid y de la selección española de fútbol) sufrió un infarto de miocardio durante un entrenamiento, ya jugando en el Oporto. Una ambulancia en el propio estadio y la cercanía de un hospital hizo posible la recuperación de su salud. Aunque ya nunca más pudo jugar al fútbol, tanto él como su exesposa Sara Carbonero expresaron cómo les había cambiado la vida después de este episodio. Por la misma época, el actor de cine Antonio Banderas también sufrió un infarto y dijo en varias ocasiones que «sufrir un infarto ha sido de lo mejor que me ha pasado».

Mi experiencia personal

Para pulir el diamante hay que frotar;
para perfeccionar al hombre hay que padecer.
Proverbio chino

Los que no han sufrido nada saben;
desconocen los bienes y los males;
ignoran a las personas; se ignoran a sí mismos.

François Fénelon

El hombre que se levanta es aún más grande que el que no ha caído.

Concepción Arenal

Trabajaba desde 1975 como anestesiólogo cuando en 1986 hube de ser intervenido quirúrgicamente de una hernia discal lumbar. Lo que habitualmente es una operación banal y cotidiana, se transformó para mí en un infierno. Por una infección intraoperatoria se produjo una osteomielitis en las dos vértebras relacionadas con el disco intervenido, lo que me postró en cama tres años, de los cuales seis meses en una cama del hospital en reposo absoluto. Me intervinieron y estaba hospitalizado en mi hospital (luego supe que mi caso tenía una mortalidad del 50 por ciento). Fui trasladado a Madrid al hospital Puerta de Hierro para confirmar el diagnóstico (eran los tiempos en los que este hospital era un referente nacional de especialidades quirúrgicas).

Es imposible describir, siquiera mínimamente, lo que yo sufrí durante todo ese tiempo, pero les diré algo sobre el dolor. Aquellos primeros meses sufrí un dolor neuropático central por daño medular, intratable e indescriptible, sencilla y llanamente, indescriptible.

Desde antaño objetivar o figurar el sufrimiento, exteriorizándolo con palabras, imágenes, objetos o sonidos ha sido un medio no solo para aliviarlo, sino también para conocerlo. Dice Ocaña que sorprende cuán pobre es el verbo humano para discernir cualidades del sufrir. Tal escasez no parece responder tanto a un defecto cultural cuanto a una propiedad real del dolor. A esa dificultad contribuye sobremanera el hecho de que no exista una esencia única del dolor, sino más bien una pluralidad irreductible de pasiones innominadas que desafían al más rico acervo lingüístico. Esa diversidad no deja indiferente a quien padece, cuyo padecimiento se exacerba precisamente por la reluctancia a comunicar su singularidad. Solemos identificar un dolor gracias a dos vagos atributos: intensidad y duración. La ausencia de otros criterios incrementa su condición fantasmal. Dominado por una sola dimensión y desvinculado de cualquier otro contexto en virtud del cual exteriorizar su sensación, el doliente tiende a sentirse cautivo de su propio dolor. El carácter reservado, reacio al más certero verbo, podría denominarse —parafraseando a Kierkegaard— el sesgo demoniaco del dolor, su angustioso ocultamiento. No obstante, es el poeta una vez más quien nos arroja algo de luz al describirlo utilizando el lenguaje simbólico. Tal es el caso de Dámaso Alonso, en su poema «Dolor»:

Hacia la madrugada
me despertó de un sueño dulce
un súbito dolor,
un estilete
en el tercer espacio intercostal derecho.

Fino, fino,
iba creciendo y en largos arcos se irradiaba.
Proyectaba raíces, que, invasoras,
se hincaban en la carne,
desviaban, crujiendo, los tendones,
perforaban, sin astillar, los obstinados huesos durísimos
[...]
Sí, sí, todo mi cuerpo era como un sauce abrileño,
como un sutil dibujo,
como un sauce temblón, toda delgada tracería,
largas ramas eléctricas,
que entrechocaban con descargas breves,
entrelazándose, disgregándose,
para fundirse en nódulos o abrirse
en abanico.
[...]
Y fue como un incendio,

como si mis huesos ardieran,
como si la médula de mis huesos chorreara fundida,
como si mi conciencia se estuviera abrasando,
y abrasándose, aniquilándose,
aun incesantemente
se repusiera su materia combustible.
Fuera, había formas no ardientes,
lentas y sigilosas,
frías:
minutos, siglos, eras:
el tiempo.
Nada más: el tiempo frío, y junto a él un incendio
universal, inextinguible.

Y rodaba, rodaba el frío tiempo, el impiadoso
tiempo sin cesar,
mientras ardía con virutas de llamas,
con largas serpientes de azufre,
con terribles silbidos y crujidos,
siempre,
mi gran hoguera.
Ah, mi conciencia ardía en frenesí,
ardía en la noche,
soltando un río líquido y metálico
de fuego,
como los altos hornos
que no se apagan nunca,
nacidos para arder, para arder siempre.

Y luego, la soledad. Sin familia (procedo de Segovia). Sin poderme comunicar con ellos (¡cuántas veces he pensado lo distinto que podría haber sido si en aquella época ya dispusiésemos de los teléfonos móviles de hoy…!). Por las mañanas entre semana me visitaban mis compañeros en los ratos libres de sus tareas asistenciales, pero por las tardes no venía nadie. Y los fines de semana eran inacabables.

Para movilizarme tenían que venir dos enfermeras para ponerme en decúbito lateral y apoyarme con almohadas. Durante el tiempo de hospitalización coincidieron unas Navidades. La Nochebuena vinieron todos los médicos de guardia a rondarme con un villancico que compusieron exprofeso para la circunstancia. Luego brindando con enfermeras y auxiliares con sidra en unos vasos de plástico.

Jamás miré la televisión que me trajo un compañero, pero sí que oía mucha música, que es lo que más me ayudó. Había comprado un lector de CD que se empezaban entonces a comercializar y un amigo me iba trayendo los discos. Me los traía por autores: todos los de Beethoven, luego se los llevaba y me traía los de Bach, y así sucesivamente. Aprendí mucho. También leía, pero menos.

Pronto comprendí que tenía que buscarme una tarea, una obligación que me ocupase algunas horas y dieran algún sentido al paso de ese tiempo. Y decidí estudiar italiano. Mis amigos me recriminaban que aprender ese idioma no servía para nada y que aprovechase para mejorar mi inglés (que es francamente mejorable). Poca gente entiende que el valor de las cosas y del conocimiento no siempre tiene que estar relacionados con mejorar el currículum o los ingresos económicos (en aquella época nadie sospechaba ni hablaba de la utilidad de lo inútil). A mí siempre me gustó mucho el italiano y decidí aprenderlo bien. No me serviría para leer artículos científicos ni nada por el estilo, pero sí para escuchar a Verdi o leer *La Divina Comedia*, por ejemplo. Me llevaron un curso de italiano en ¡casetes! (algunos de quienes lean este texto tendrán que buscar la palabra en el diccionario). Unos cuantos libros y cada día un par de horas de estudio.

Mucha música, mucha lectura y muchas, muchas horas para pensar, mirando el techo de mi habitación. Y de todo ello aprendí mucho.

Luego me dieron de alta del hospital y estuve con reposo relativo dos años y medio más y, cuando me dieron de alta definitivamente, tres años después de la intervención, nadie pensaba (yo tampoco) que podría regresar al duro trabajo del quirófano. Ya los médicos me dijeron que me olvidase de hacer guardias. El jefe del servicio de Anestesia, el doctor Ángel Rojas (lo quiero nombrar, aunque nunca podrá leerlo), me sugirió que me hiciese cargo de la consulta del dolor que llevaba él los jueves y que le resultaba difícil porque permanentemente le llamaban de los quirófanos para resolver problemas. Cuando me habló de «tratamiento del dolor» a mí se me encendió rápido la luz de alarma y recordé todo lo que yo había sufrido en esos años y acepté de inmediato.

Las Unidades de Tratamiento del Dolor empezaban por aquella época y yo abrí una consulta y comencé viendo solo enfermos de cáncer avanzado con el objetivo de ampliar en el futuro a otros enfermos con otros tipos de dolor. A los enfermos les quitaba el dolor, pero en las consultas sucesivas, ya sin dolor, me exponían problemas de todo tipo: no puedo dormir, tengo miedo, no como, estoy muy triste, vomito de vez en cuando, tengo estreñimiento y en mi casa comienza a haber problemas de dinero porque he tenido que cerrar la tienda. De repente su esposa, que le acompañaba, se ponía a llorar y se abrazaba al paciente, su marido. Y yo no dejaba de pensar una y otra vez, con un enfermo y con el siguiente: «Pero ¡si yo ya le quité el dolor!». Y empecé a sospechar que tendría que haber otra cosa o, si no, habría que inventarla.

Yo había preguntado que dónde se podría aprender el tratamiento del dolor cuando me lo ofrecieron, y me aconsejaron ir a Milán, en Italia, al Instituto Nacional del Cáncer. Me puse en contacto con el jefe del servicio, el profesor Ventafridda, y fui a visitarle para solicitarle una pasantía de cuatro meses con una beca que me habían concedido del FIS (Fondo de Investigaciones Sanitarias, de aquella época). Iba a resultar que haber estudiado italiano durante mi ingreso hospitalario ¡sí que me iba a resultar útil! Cuando me preguntan por los motivos de mi dedicación a esta nueva tarea lo cuento, enseguida alguien me dice que menuda coincidencia. Y yo no creo en coincidencias. Yo creo en la existencia de algún tipo de orden cósmico, como cada cual lo quiera llamar, que va organizando las piezas de cada uno en nuestro paso por la tierra. Llevaba ya unos meses con el tratamiento del dolor cuando me llegó el momento de viajar a Milán y ahí me llevé la gran sorpresa: lo que yo sospechaba o intuía que tenía que existir más allá del tratamiento del dolor ya existía y tenía un nombre: cuidados paliativos. Con razón yo me sorprendía cuando contemplaba cómo al tratar el dolor de los enfermos no quedaban resueltos los múltiples problemas del paciente y sus familiares. Cuando volví a España me puse en contacto con algún colega que estaba también en este camino y comenzamos a organizar la Sociedad Española de Cuidados Paliativos y su desarrollo en este país.

En ese momento adquirí el compromiso conmigo mismo de que lo que yo había descubierto y aprendido, lo aprendieran mis colegas y otros profesionales de la salud. No puede haber derecho a que los enfermos se mueran en malas condiciones porque a su médico, a su enfermero, nadie le ha dicho lo que tiene que hacer para acompañar y ayudar a las personas en el final de la vida. Y desde entonces me he dedicado en cuerpo y alma a promover los cuidados paliativos luchando en el terreno académico y administrativo para que todos los españoles tengan acceso a un buen equipo que les trate. Nada más lejos que querer presumir de lo que he hecho, pero tengo la obligación de señalar que todo ello, de una u otra manera, por un camino o por otro, tiene su origen en el sufrimiento que yo padecí. Y recordaba el coro de la *Orestíada* cuando proclama que el dolor es acerba dádiva de los dioses, por la cual el mortal adquiere, incluso contra su voluntad, experiencia y sabiduría:

> *Él que abrió a los mortales*
> *la senda del saber;*
> *Él, que en ley convirtiera*
> *«por el dolor a la sabiduría».*

Y desde entonces me surge un enorme instinto de respeto hacia los sufrientes: «Aquel que ha sufrido mucho nos intimida y nos inclina a la humildad. Sabe cosas que nosotros no podemos ni sospechar. Lo miramos con una ferviente admiración, como al viajero que ha atravesado los océanos y ha explorado lejanas tierras». DUHAMEL

«Y una vez que la tormenta termine no recordarás cómo lo lograste, cómo sobreviviste. Ni siquiera estarás seguro si la tormenta ha terminado realmente. Pero una cosa sí es segura, cuando salgas de esa tormenta, no serás la misma persona que entró en ella. De eso se trata la tormenta». HARUKI MURAKAMI

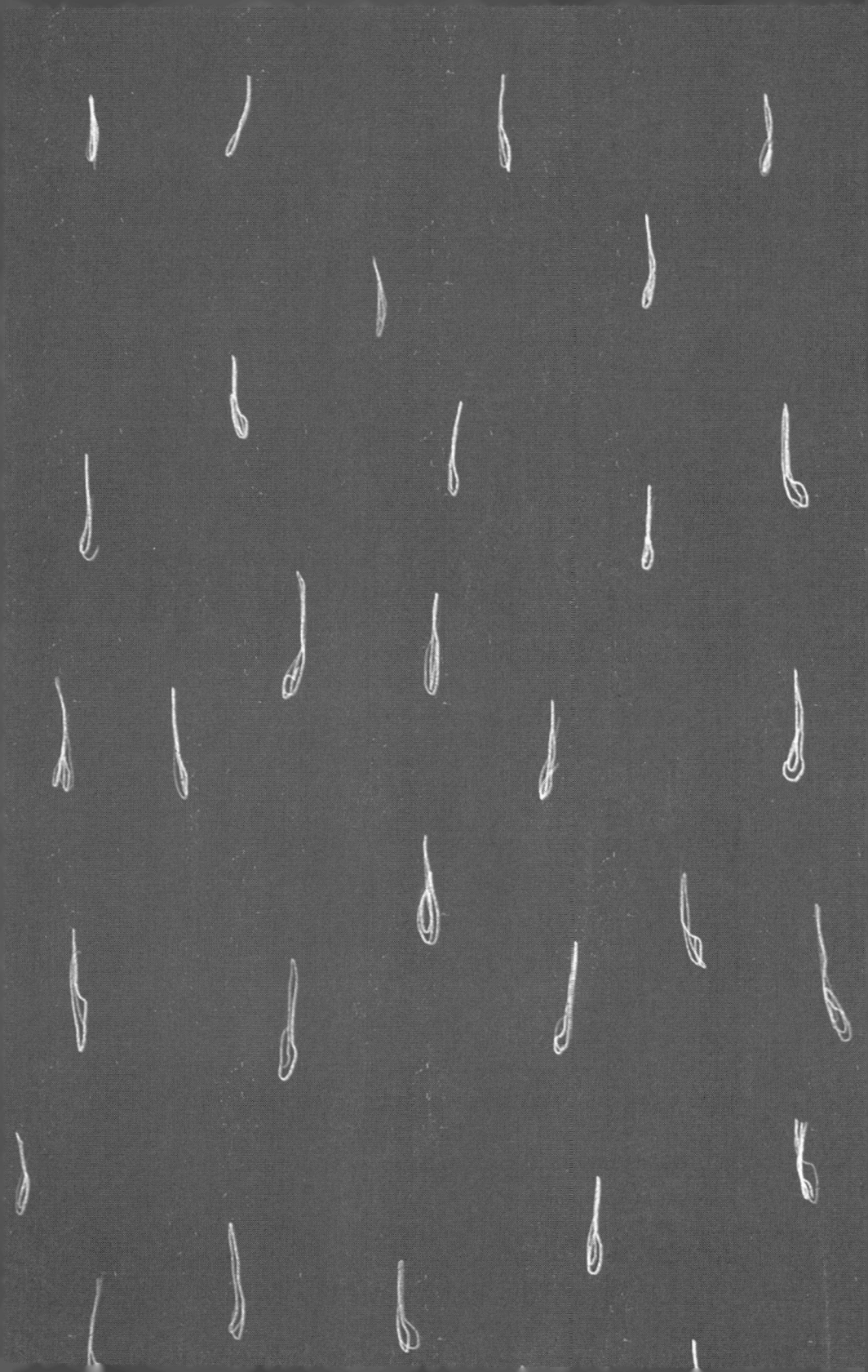

15 GOTAS ESENCIALES DE LUZ

> *Cuando nos creemos*
> *demasiado grandes para lo pequeño,*
> *para lo* ESENCIAL,
> *es porque somos demasiado pequeños*
> *para lo verdaderamente importante.*

A continuación, te dejo quince gotas esenciales, resplandecientes de luz.

Querido lector, no se trata tan solo de que, al leerlas, las comprendas; ni siquiera están aquí expuestas con la idea de entender su lógica, obvia por otra parte, sino para que, en este fundido en negro que estoy compartiendo contigo, tú seas el auténtico protagonista.

Si quieres, las puedas hacer tuyas llevándolas a tu vida. Quizá no todas te sean útiles, o algunas ya las estés practicando; en cualquier caso, en ellas está la clave, a mi modo de ver, para poder alcanzar una vida plena, con un mayor bienestar. Contienen las esencias del crecimiento personal, mi modo de entender la espiritualidad.

Estas gotas esenciales, de luz, tienen una meta final, cuya pretensión se recoge en todo el libro.

Conseguir que:

Simplifiques la vida,
quedándote con lo esencial, aprendiendo a borrar lo que sobra,
para así disponer del tesoro más importante: tiempo.

Te ganes el presente,
adueñándote de él,
estando en cada instante donde tienes que estar, contemplándolo.

Calmes la mente,
aprendiendo a intervenir en tu diálogo interior,

sabiendo indagar en ti, para poder elegir,
para aceptar y para cambiar.
Para ser paciente.

Seas altruista. Compasivo.
Da, recibe y pide.

Cuando la mente discursiva, inquieta, temerosa, enjuiciativa nos impide desplegar nuestra energía vital con el fin de que todas estas metas esenciales las llevemos a cabo, en nuestra cotidianidad, aparece lo que llamamos **fusión cognitiva**, en la que nuestro pensamiento se funde, se fusiona con nuestro personaje creando una película de vida en la que nos alejamos del «**yo real**», del verdadero ser. Y si esto nos pasa, si caemos en una fusión cognitiva, nos aparecen tres tipos de sufrimientos:

1.° Vivir de las expectativas. Todo sabe a poco. Siempre queremos más, da igual lo que tengamos, vivimos insatisfechos. Nos acostumbramos a acumular.

2.° La lucha contra el no control. El ego quiere seguir teniendo todo bajo control todo, todo el tiempo, si no sufre.

El apego se convierte en el sheriff de la mente.

3.° Nos movemos en la frontera de lo condicionado. Y del no cambio.

Lo condicionado no está iluminado.

Las creencias dominan nuestra mente y nuestras decisiones.

Lo aprendido en el pasado nos condiciona en el hoy.

Nos quedamos viviendo en una realidad estática, cuando el mundo vive en continuo cambio, y acelerado. Y nuestro verdadero ser también.

Venimos a esta vida a disfrutar, no a sufrir.
Evitar la fusión cognitiva nos hace más libres.
Y más humanos.

La compasión, también nos hace seres con un nivel de ascendencia mayor. La compasión nos dice que todos los seres vivientes estamos interconectados, compartimos el mismo espacio universal y que todos tenemos derecho al bienestar, y me refiero a las personas, a los animales y la naturaleza en general.

Tenemos derecho a buscar librarnos del sufrimiento, del dolor. A ser libres.

Este es un principio básico espiritual que, al conectar con él, hace que nuestro corazón se agrande, y la voluntad se abra a la contribución.

En la compasión residen la paciencia y la sabiduría que nos permiten entender la raíz del sufrimiento. También el coraje, el *cor-cadia*, corazón por delante, nos da valentía para no pararnos, para decidir y para actuar con determinación asumiendo la responsabilidad personal que nos ayude a mitigar el sufrimiento propio o el ajeno. También nos permite empatizar de forma benevolente, llena de amabilidad y de comprensión.

Y esto no significa no ser firme cuando hay que serlo, cuando la situación lo requiere. La compasión combina la suavidad con la firmeza, sentimientos amables con exigencia necesaria, desde la responsabilidad, sin lamentos estúpidos, ni quejas absurdas, ni búsqueda de culpables.

La compasión la utilizaremos para conocer la realidad de cada hecho tal como es, y desde ahí comprometernos a entenderla, aceptarla y mejorarla.

La compasión significa abrazar una realidad en la que se ha producido algún tipo de desequilibrio, en la que se ha roto la armonía, produciéndose cualquier tipo de dolor o malestar; y decidir desde ese entorno aceptado para poder actuar, desde el corazón, para cambiar la situación, en la medida que se pueda, a liberarnos o ayudar a liberarse de ese pesar, buscando y acercándose al bienestar saludable.

Esto ahora lo sé.

Y a pesar de saberlo, no siempre me es fácil actuar con compasión. En muchas ocasiones me cuesta mucho, de forma más especial con las personas que más me importan, curiosamente.

Y tú, ¿cómo lo vives? ¿Te ayuda ser compasivo? ¿Practicas la compasión?

La felicidad no está fuera de nosotros, no se conquista.

No consiste en saciar experiencias. Ni en destacar. Ni en alcanzar territorios profesionales esperados, o a nuevas personas. La felicidad no está en nada que esté fuera de nosotros.

Hay una sola vida, que hay que saber vivir bien. No hay una vida espiritual o de crecimiento personal y otra vida material. Hay una vida que tiene como interacción a ambas. Una vida para saber disfrutar, para saber encontrar las valiosas oportunidades que nos muestra.

El desarrollo espiritual no es un conjunto de técnicas que hay que aprender, es la creación de un entusiasmo individual que nos hace decidir vivir de una forma diferente. Y, para empezar, deberás apartar de ti los patrones arcaicos que no te ayudan a conseguirlo. Despojarte de la basura que ocupa lugar en ti. Generar la consciencia para ello, y activarla.

Pues bien, vamos a por las quince gotas de luz esenciales. Ojalá tú, a modo de un fundido en negro, las hagas tuyas, con tus propias historias, formas de ser comprendidas y de llevarlas a cabo.

1.ª gota de luz: el recuerdo

Cuando escribo este libro, tengo sesenta y un años,
(no me lo creo), parece que todo empezó ayer.
El tiempo pasa rápido,
la vida transcurre como un parpadeo,
todo es tan breve, sin posibilidad de ir marcha atrás,
de recuperar momentos vividos,
es un tránsito instantáneo hacia delante.

Recuerdo al niño en el patio de aquella escuela,
al chaval que jugaba en la plaza del pueblo,
y las pelotas de trapo, y las canicas.
Y al perro Pikolín en el huerto de la abuela.
Y al abuelo Paco en el bar Avenida.
Recuerdo los días de fiesta,
de monas, los días de virgen, de las fiestas de calles, de santos...
Recuerdo mis primeros amores, el parque,
los carritos de chuches y trama, la jijonenca.
Recuerdo el instituto,
y los bocadillos de tortilla de mi tía Isabel,
la vespa y la *minicross* 49 cc,
los amigos de siempre,
(muchos todavía están cerca).
Recuerdo mi primera, y única, novia.
Los días de Ateneo Musical, de solfeo, de saxo tenor,
el radiocasete, los vinilos que nunca tuve, a Boney M.
Recuerdo la casa vieja de Nieves, y su campo, su piscina.
Los años de universidad.
Los viajes de aquella época.
Las escapadas a Alicante.
Estados Unidos. Berlín. Dresde. Frankfurt. Roma. D.F. Brighton.
Los conciertos de rock. Los veranos en la playa.
Mi primer trabajo.
La muerte de la abuela.
A mi hermana y a mis primos, que son hermanos.
A todos mis tíos (éramos una familia muy grande).
Recuerdo el arroz con conejo, que no comía.
Y la tortilla de patata de mi madre, que sí comía.
Recuerdo los días de paseo por Ginebra.
Las vacaciones de verano,
que me parecían inmensas, inacabables.
Recuerdo cómo crecí, cómo pasaba el tiempo, cómo se detenía.
Cómo vivía en el ahora, sin ser consciente de que vivía.
Ahora lo sé.

2.ª gota de luz: ... para pensar

Einstein dijo:

«Si no lo puedes explicar de forma sencilla, es que no lo has entendido bien».

Espero que haya podido explicar todo de forma sencilla.

Charles Horton Cooley en 1902 escribió:

«Yo no soy lo que yo creo que soy. Ni tampoco lo que tú crees que soy. Yo soy lo que yo creo que tú crees que soy».

¡Piénsalo!

Tómate tu tiempo... 😃

David Steindl-Rast, monje benedictino, cofundador de gratefulness.org, escribió:

«Un laico que aspira conscientemente a vivir en el ahora es un monje».

¡Me apunto!

Soy un monje. O quiero serlo...

Hipócrates sentenció:

«Antes de sanar a un enfermo pregúntale si está dispuesto a dejar, a abandonar lo que le enferma».

¿Te lo has preguntado?

3.ª gota de luz: universo

Un biólogo bioquímico británico llamado Rupert Sheldrake acuñó el término de «resonancia mórfica» para referirse a que entre los miembros de una misma especie se desarrolla un cierto tipo de unión que va más allá de lo físico, que permite comportamientos y aprendizajes compartidos entre los mismos.

Escribió un libro que tiene un título sugerente, y gracioso: *De perros que saben que sus amos están camino de casa.*

Otra bióloga, la estadounidense Lynn Margulis, habló en términos parecidos de la relación entre las células de organismos diferentes y su conexión, desmontando la teoría tradicional del evolucionismo de las especies. Demostró que todas las células eucariotas, de las que venimos todos los animales, plantas, hongos, protozoos y otros seres vivos, tenían su origen en la simbiogénesis. Es decir, no habríamos evolucionado por los saltos adaptativos, tal como siempre se había pensado, ni siquiera por cambios incoherentes del ADN, llamados mutaciones, sino que los individuos diferentes se reúnen para crear especies superiores, más grandes generalmente y más complejas. Se diría que todo lo vivo muestra una tendencia a unirse, a cooperar. A fundirse en organismos superiores.

Por otra parte, Mohammad Shehata, en el año 2021, publicó un artículo en la revista *eNeuro* sobre una investigación llevada a cabo en la Universidad Tecnológica de Toyohashi, en Japón en la que demostraba la correlación cerebral que se produce en individuos que trabajan en equipo. Es decir que compartir tareas nos lleva a tener una consciencia y un conocimiento que no sería individual, sino colectiva.

De ahí que exista una sincronía absolutamente demostrada entre los humanos cuando estamos cerca unos de otros. Por eso nos imitamos cruzando las piernas o los brazos, empatizamos ante ciertas emociones, armonizamos la frecuencia cardiaca si estamos cerca uno de otro; incluso se sabe que se sincronizan los ciclos menstruales de chicas que viven juntas en una residencia de estudiantes. Es un fenómeno llamado «flujo de hiperconexión». Los autores hablan de que existe una consciencia común, quizá universal.

Curioso, porque es algo de lo que ya hablaba el budismo hace cientos de años. Y, volviendo a la ciencia, también hablaban de ello los estudios de Giacomo Rizzolatti sobre las neuronas espejo.

Parece que existe un «algo» que se sale del «yo» y que es mucho más poderoso. Quizá no somos tan importantes. Somos una gota única.

4.ª gota de luz: mente de mono

Dicen los budistas que existen dos tipos de mente; la llamada «**mente de mono**», término que se refiere a la mente desbocada, multipensante, que se deja arrastrar por lo primero que a ella llega, poco selectiva, y que vive saltando de un pensamiento a otro, de modo incesante. Y la llamada «**mente de monje**», que se centra en el ahora, unipensante, que tiene una forma bien estructurada a la hora de enfocarse en lo que verdaderamente le importa, que es selectiva, que vive enfocada en el aquí y el ahora.

Os dejo un análisis comparativo entre estos dos tipos de mentes, en una versión personal, inspirada en unos fragmentos extraídos del libro *Piensa como un monje*, de Jay Shetty, que compartió conmigo mi compañera Estela Sánchez. Dice así:

El mono salta de rama en rama.
El monje elige y se queda en una, sacándole el máximo partido.
El mono vive en el asiento del pasajero.
El monje conduce porque vive con intención y atención plena.
El mono se distrae con todo.
El monje es disciplinado.
El mono piensa demasiado y se paraliza.
El monje analiza para elegir y para expresar con claridad.
El mono critica, compara, se queja.
El monje es compasivo.
El mono se deja dominar por la ira y la rabia.
El monje controla sus emociones y les da rienda suelta si lo desea.
El mono anhela el placer.
El monje anhela el sentido de las cosas, el propósito.
El mono busca la gratificación a corto plazo.
El monje no necesita gratificación, sino beneficios compartidos.
El mono se compromete por capricho.
El monje se compromete por una misión.
El mono es hiperexigente y perfeccionista. Se cree siempre con derechos.

El monje es entusiasta, decidido y paciente.

El mono es egocéntrico. Y ególatra.

El monje es cuidador de otros, le gusta servir a los demás.

El mono exagera lo negativo, y los miedos.

El monje sabe que vive en entornos inciertos y trabaja para superarlos.

5.ª gota de luz: «de paso»

Todo está de paso.

Todo es finito.

Todo existe bajo el sentido de impermanencia. También nosotros. Morimos. Todo muere. Todo está cambiando.

Y esto es lo natural.

La muerte nos ayuda a entender la vida. Y a vivirla mejor. Nos ayuda a quitar importancia a lo que no la tiene. Si la entendemos bien, y sabemos vivir con ella, es una destructora de tonterías.

Si aceptamos la impermanencia, somos más generosos, porque no nos aferramos a nada. Aprendemos a vivir cada proyecto como si fuera el último. Hay personas que dicen: «Vive como si fuera el último día»; lo que no sé si piensan es que uno de esos días será verdad, habrán acertado.

Tal es así que, hace unos 930.000 años los seres humanos, los aproximadamente 1.000 ejemplares de animal humano que habitaban el planeta, estuvieron a punto de desaparecer. Eran años en los que ya caminábamos erguidos y en los que nos estábamos desplazando por todo el planeta. Éramos nómadas. Fue en la Edad de Piedra, en pleno Paleolítico. Todo parecía ir bien, hasta que algo sucedió, de tal forma que esa población se redujo hasta no más de 1.200 individuos. Un 98 por ciento de toda la población se extinguió. Parece ser que fue debido a un gran cambio climático lo que puso en tela de jaque a nuestros antepasados.

Aquello hizo que se desencadenara lo que los expertos llaman una presión evolutiva sobre los pocos humanos que quedaban, produciéndose nuevas mutaciones y fusiones cromosómicas, generándose nuevos modelos de vida entre ellos. Hecho que desencadenó la aparición de una nueva especie humana: el antepasado del neandertal.

Hasta que, poco a poco, 800.000 años después, aquella población se recuperó y pasó a ser de 30.000 individuos, de los cuales provenimos los 8.000 millones actuales.

Y parece que no aprendemos, ni en cómo nos relacionamos con nuestro planeta, y lo que puede significar un cambio climático, ni en dejar de creer que todo está bajo nuestro control y dominio.

Todo es finito. Todo lo que está dejará de estar. Todo lo que es un día no será.

Decir espera es un crimen,
decir mañana es igual que matar.
Ayer de nada nos sirve,
las cicatrices no ayudan a andar.
Solo morir permanece
como la más inmutable razón,
vivir es un accidente,
un ejercicio de gozo y dolor.

Que no, que no, que el pensamiento
no puede tomar asiento,
que el pensamiento es estar
siempre de paso, de paso, de paso...

Quien pone reglas al juego
se engaña si dice que es jugador.
Lo que le mueve es el miedo
de que se sepa que nunca jugó.
La ciencia es una estrategia,
es una forma de atar la verdad,
que es algo más que materia,
pues el misterio se oculta detrás.

Hay demasiados profetas,
profesionales de la libertad,
que hacen del aire, bandera,
pretexto inútil para respirar.
En una noche infinita
que va meciendo a este gran ataúd
donde olvidamos que el día
solo es un punto, un punto de luz.

Luis Eduardo Aute

Mi pequeño homenaje. Gracias, Eduardo,

ahora lo sé.

El mundo nos incita a poseer, a relacionarnos con el sentido del tener. Acumular forma parte de nuestra cultura. Pensamos que esto nos da seguridad.

¡No poseemos nada!

¡Nada nos pertenece!

Es un juego mental.

Pasamos por la vida utilizando aquello que nos llega, pero nada es nuestro, ni lo que compramos, ni lo que nos viene dado, ni lo que nos regalan, nada, no existe en realidad el sentido de lo mío, es solo un juego del ego, todo pasa, perceptivo. Todo dejará en algún momento de estar conmigo, o yo con ello.

Qué importante tener consciencia de esta idea: no poseo nada, nada es mío. Por ello, como dice Marie Erades, todo es un regalo.

Todo en nosotros está de paso. Nosotros también estamos de paso. Todo es temporal.

Cuando esto lo entiendo, comprendo el sentir de que yo estoy transitando, pasando a través de todo. Así, las cosas y las personas vienen a mi vida, pero yo no poseo nada. Nada me pertenece.

Lo que a mi vida llega, lo disfruto, lo utilizo, lo vivo, pero no me pertenece.

Esto me creó una conciencia diferente sobre la primera palabra que aprendimos cuando niños, la palabra «mío».

¡Nada es mío!

No es *mi* hijo. No es *mi* dinero. No es *mi* casa. Tengo una responsabilidad sobre ello. Tengo que cuidarlo. Atenderlo. Sentirlo. Amarlo, pero no es mío. Todo seguirá su camino, su destino. Nada es mío.

Y saber esto, ser consciente, practicarlo, me permite vivir una vida más liviana, más libre, con menos fortaleza del ego.

Todo en nosotros está de paso.

Cuando termina el viaje de la vida, no nos llevamos nada, solo nuestra consciencia de haber vivido.

Ahora lo sé.

6.ª gota de luz: para uno mismo

Pase lo que pase, todo pasa.
Nota mental

Y para ir llegando casi al fin, os quiero dejar uno de los últimos mensajes esenciales del libro, a modo de *bonus track*, como si fuera un bis que el lector pide a este libro, antes de decirnos adiós. Un mensaje que, si has llegado hasta aquí leyendo todo el texto, ya no requiere de más explicaciones.

La **ESENCIA**:

¡**SÉ LUZ** PARA TI MISMO!

Si te iluminas a ti mismo, darás luz a los demás.

Como la vela que se da luz a sí misma, a la vez que ilumina todo su espacio. Si estás apagado, solo darás oscuridad.

Recuerda que los dedos que señalan la luna no son la luna.

No lo confundas.

Que este tratado te sirva para ser la luna. No los dedos que la señalan.

Enciende tu **luz**.
¡Déjate **SER**!

Y A MODO DE TELEGRAMA:

ES TU MOMENTO;
... y AHORA
LO SABES

La piedra lanzada al estanque o al mar siempre da en el centro, porque es ella quien dibuja la diana. Se tú la gota que dibuja la diana.

Mira amorosamente tus sombras, son tu **luz**, pero todavía no lo saben.

7.ª gota de luz: indefensión

El peor veneno que ataca directamente en la base de flotación del bienestar es el sentimiento de **indefensión**. Se refiere a las personas que se sienten indefensas ante las adversidades o los reveses que la vida nos trae.

Las personas que están bajo **el síndrome de la indefensión** suelen ser personas que piensan que hagan lo que hagan nada cambiará. Y es verdad que a nuestra vida llegan cosas que no podremos cambiar, por mucho que nos gustaría. Pero, no nos engañemos a nosotros mismos, son las menos.

En la mayor parte de los casos, nuestra intervención puede cambiar el resultado final provocado por unas determinadas circunstancias. Y si no, siempre podremos **cambiar el modo** en que nos tomamos aquello que nos pasa.

Las personas que se sienten bajo este síndrome son generalmente personas que tiran la toalla de forma rápida, fácil; de hecho, algunos ni la llegan a coger; suelen adoptar una disposición apática, derrotista ante la vida. A este espíritu de indefensión también se le conoce con el nombre de **impotencia autosugerida**.

El estatus prolongado de impotencia nos lleva a una autoestima socavada, a falta de iniciativa y creatividad, destruye la esperanza y el sentido de futuro hacia la mejora, rompe con el deseo.

La solución está en nosotros mismos, está en nuestras manos, en nuestras decisiones. Y, sobre todo, en la práctica de ciertas actitudes: desarrollo de la curiosidad, del atrevimiento, aprendizaje desde la prueba y el error, un manejo diferente del diálogo interior, perseverancia, confianza, disciplina… En general, en todas las **capacidades ejecutivas** que preparan a nuestra mente para la lucha, para enfrentarnos a los temores paralizantes, que nos ayudan a ponernos en movimiento, a pasar a la acción y enfrentarnos a retos, a nuevos desafíos.

Tened presente que, en la mayor parte de los casos, los temores que nos invaden son imaginarios. No son reales. El estancamiento en la indefensión se nutre de fantasías agoreras y de desesperanza.

¡No te des por vencido!

8.ª gota de luz: fórmulas matemáticas

No creerías que, en un libro de este autor, no hubiese ninguna fórmula matemática 😃, ¿verdad?

¡No sería yo😃!

Así que aquí te dejo una primera fórmula que para mí es **ESENCIAL**:

$$VIDA = \int_{nacimiento}^{muerte} \frac{BIENESTAR}{tiempo} * tiempo$$

Creo que para el lector esta será una fórmula sencilla de comprender, que no necesita mucha explicación. Por si acaso, saber que una integral representa un área limitada de función entre dos valores. Pues eso…

También quiero compartir contigo mi símbolo preferido: **infinito.**

Nos lleva a cualquier lugar. Sin fin. Sin paradas. Sin condiciones. Representa el amor incondicional, en toda su dimensión.

Otra fórmula matemática () que también quiero dejarte aquí tiene que ver con **la calidad de nuestra vida.**

La fórmula nos dice:

$$C = \frac{D}{nA} * t$$

C = referida a la calidad de vida.

D = disfrute. De cada instante. De la vida en todas sus dimensiones.

nA = NO atención. Perder el estar en lo que estás.

t = tiempo de vida.

El disfrute (D) es directamente proporcional a tener una vida de mayor calidad. Más disfrute, mejor vida. Muy obvio.

Y la no atención (nA) es inversamente proporcional. Cuanto mayor sea, peor nos irá.

La calidad de nuestra vida es proporcional a nuestra capacidad para disfrutarla y a la atención puesta en los instantes que vivimos repetido todo en el tiempo.

Y por último estas dos fórmulas sobre la **RESILIENCIA**:

$$R = r * f$$

Donde *r* se refiere a la capacidad de resistencia y *f* a la flexibilidad. Ser resiliente es tener capacidad de resistir siendo flexible.

O más complejamente, manteniendo la misma *f* y *r*:

$$R = \frac{r * t * f}{P}$$

Donde la *P* es la presión causada por cualquier efecto o evento externo a nosotros. Y la *t* se refiere a tolerancia, capacidad de soportar la presión.

9.ª gota de luz: la que colma el vaso

Se realizó un estudio entre miles de personas a las que se les preguntaba si preferían como personaje social, histórico y público a Gandhi o a Tom Cruise. El 89 por ciento eligió a Gandhi.

Posteriormente, en la misma entrevista, se les hizo una segunda pregunta: si a ellos les gustaría ser Gandhi o Cruise. En este caso, el 72 por ciento prefería ser Tom Cruise.

Pero ¿cómo puede ser? ¿Por qué si hemos elegido como personaje preferido a Gandhi, inmediatamente cambiamos de opinión y queremos ser Tom Cruise?

Se estudió en profundidad ese porqué, viéndose que la gente cambiaba de Gandhi, el preferido, a Tom Cruise, menos valorado, tan solo por una cuestión de **comodidad.** Así de simple y de claro.

Ser Gandhi, aunque le admiremos, mentalmente es un incordio, nos supone un esfuerzo vital ímprobo. Aunque las personas están agradecidas a un personaje como Gandhi, casi nadie quiere esa vida para sí mismo.

Ser Tom Cruise, por el contrario, parece que es mucho más fácil, y tiene además una recompensa más inmediata.

Con este estudio, se demostraba, una vez más, el rechazo de las personas al **esfuerzo exigente** y **duradero en el tiempo.** Y también, **la incapacidad para aplazar la recompensa.**

Lamentablemente, llegados a este momento, sabrás que la mayoría de las recomendaciones o estrategias que en este libro te propongo, para que tengas una vida de mayor bienestar, pedirán de ti un determinado esfuerzo, y también una buena dosis de paciencia porque la recompensa no será inmediata.

Por favor, tenlo en cuenta…

10.ª gota de luz: los dos niveles de realidad

Coge una taza. Si se rompe, ¿ya no es una taza?

Mira una mesa de madera. Si se hace trozos, leña, y se queman,

¿ya no son una mesa? Y cuando esa madera era árbol, ¿era también mesa? ¿O dejó de ser árbol para ser mesa? ¿Y dejó de ser mesa para ser leña o ceniza?

Lo normal es responder que, al romperse la mesa, o la taza, pierde su identidad. Cambia de realidad, pasa a ser otra cosa.

La mesa y la taza cristalizan en un tipo de realidad. Etiquetada por nosotros, nombrada. Y al romperse, al morir, dejan de ser lo que eran.

Este es uno de los dos niveles de realidad: **la realidad manifestada**, también llamada cristalizada o superficial.

La madera del árbol también está en la mesa. O la arcilla de la taza ya fue montaña, y esa montaña está en la taza. Esta es otra realidad, la de la madera, la de la arcilla, es **la realidad esencial**. Este nivel de realidad fluye, es continuo.

Un meditador opera conscientemente a nivel de arcilla, o de madera la mayor parte de su tiempo. Ve en la mesa la madera, en la taza la arcilla.

Y esto le da sentido, no solo contemplativo, sino también de no perdida. Le facilita el no apego. Le ayuda a soltar, a dejar pasar, a desprenderse.

Pero, sobre todo, lo que permite entender este segundo nivel de realidad es relacionarnos mejor con nuestros juicios, por lo tanto, con nosotros mismos y con los demás.

11.ª gota de luz: visión

El pesimista
ve el túnel oscuro.

El optimista
ve la luz al final del túnel.

El realista
ve el tren que se acerca.

El maquinista
ve a tres idiotas
caminando sobre la vía del tren.

Cada vez más, y más tiempo en mi vida, quiero ser el maquinista. Conducir yo mi vida por las vías del tiempo y del amor, sin que estén enturbiadas por la realidad que no es tan real, ni por los optimismos o pesimismos absurdos.

Gracias por haberte subido a este tren y por acompañar a este maquinista en este viaje **ESENCIAL**.

12.ª gota de luz: ingredientes

Practica la paciencia.

Acepta lo que sientes.

Perdónate, no te castigues.

Sana tus heridas, que no queden abiertas durante mucho tiempo.

Háblate queriéndote, cuidándote.

Asegúrate de que descansas bien.

Entiéndete con tus miedos. Evita los temores.

Trátate, y trata a los demás, con bondad y amabilidad.

Ponte metas a largo plazo, pero no dejes de atender lo cotidiano.

Vive el presente. Aprecia lo bonito de cada cosa, de cada instante.

Párate a respirar, solo respirando, sin nada más, varias veces al día.

Medita. Aprende a contemplar con serenidad. Calma tu mente.

No generalices: un mal momento no es una mala vida.

Resta. Aparta de tu vida lo que te sobre.

Muévete. No te pares.

Ama incondicionalmente.

… Y para realizar todo esto, debemos sentirnos con la energía y motivación adecuada para llevarlo a cabo y no abandonar.

Me gusta decir que

LA MOTIVACIÓN
(AUTOMOTIVACIÓN)
ES
MOTIVO DE SALUD

¡Cuidémonos! Desde la automotivación, con entrega, que es mucho mejor que con esfuerzo. El esfuerzo es un acto de voluntad. Y está bien. Pero la entrega es un acto de amor. El esfuerzo, además, persigue una meta, la entrega es el propio camino.

13.ª gota de luz: espiritualidad

He defendido siempre, y no he cambiado de opinión, el valor del hacer para llegar a ser.

Nos hemos educado, con mucha intensidad y esfuerzo, para ser seres pensantes, de ahí el valor del saber, y hemos avanzado, creo que un poco menos, en el paso del saber al hacer, nos solemos quedar mucho en la idea sin acción; pero, desde luego, lo que nos queda más lejos es saber que no hacer también nos permite ser.

Yo, ahora lo sé.

Sé que, además de haciendo, a ser se llega quitándonos cuando es necesario de en medio, aprendiendo a escuchar, a través del silencio, perdiendo el protagonismo, entendiéndonos con el ego.

Pues bien, estos aprendizajes conforman la espiritualidad. Y todos ellos están conectados, mucho más de lo que podemos imaginar. Están conectados en un orden específico de siete pasos o conexiones espirituales. A saber:

1) Conexión del silencio. Escucharnos para poder escuchar. Introspección. Autoconocimiento. Relación con uno mismo. Viaje al interior. Meditación.
2) Conexión con el cuerpo. El secreto del alma es que tiene cuerpo.

No viajamos sin el cuerpo por esta vida. El cuerpo es la entrada y salida de todo, también de la propia vida, con él llegamos y de él nos vamos. Cuando conectamos con nuestro yo interior, pasamos a sentir, a conectar con el cuerpo. Antes de la mente está el cuerpo, y todo en él, desde las respuestas emocionales a las sensaciones, viajan más rápido.

3) Conexión mental. Disponer de una mente vacía y abierta a lo nuevo. La mente conectada con la que podemos cuestionar los propios pensamientos, la mente que se pone en tela de autojuicio. Es aquí donde se conecta el lenguaje con la mente.

4) Conexión cordial. «*Cordia*», de corazón. Lo que nos facilita la relación con nosotros mismos y con los demás. Poner el corazón por delante de todo. Si la palabra y la mente están acordes con el corazón, en modo coherente todo es más sencillo. Lugar de las emociones y de su expresión.

5) Conexión de movimiento. Lo que nos conecta el corazón con el hacer. Desde aquí conseguimos que las cosas pasen, que el mundo, o al menos nuestro mundo, funcione. Se alimenta de vocación y de devoción. De disciplina y pasión.

6) Conexión Ritual. Es la que nos lleva al gozo de la consecución. Es fecundidad en estado puro. Es celebración. «Lo que no se celebra no está acabado», nos dice Pablo D´Ors. Tan de acuerdo. Todo debería, en su fin, tener su momento de celebración. Sin celebración las situaciones vividas no terminan con esperanza y sentido de futuro, sino con falta de fe y sentido de amenaza.

7) Conexión de agradecimiento. Momento de retiro. De reflexión y agradecimiento por lo que ha sucedido. Empezar de nuevo. Reimaginar. Reinventar. Renacer. Ya sabes, querido lector, momentos re.

Con el silencio empieza y acaba toda conexión vital. El silencio, el retiro interior, la contemplación, crea lo más profundo, sobre lo que nace todo lo demás, el pensamiento y la acción. El silencio favorece la comunión espiritual.

14.ª gota de luz: nuevas

La nueva gota del éxito es **la paz interior,** no la acumulación material, ni la fama venida por un exceso de escaparate social, de apariencias.

La nueva gota de la riqueza es **la salud.** Todo lo demás es el sobrante. Es bienvenido, pero no tan importante.

La nueva gota del encanto personal pasa por **la compasión, por la bondad y por la amabilidad.** Son actos de coherencia con el ser humano.

La nueva gota temporal reside en **el presente.** Desde la lentitud, con atención, con mente curiosa. Desterrando la prisa para descubrir **el ser.**

La nueva gota de amor es **el amor incondicional.** Requiere cancelar las emociones oscuras, producto de creencias arcaicas. De la educación obsoleta.

15.ª gota de luz: ¡CÁLLATE!

Sí, ¡cállate!

Cierra la boca. ¡Aprende!

La charlatanería, *per se*, no es compatible con el tema que hemos desarrollado en este manual.

¡Cambia!

¡Trabájatelo!

Evita ser un egohablador.

No seas de esas personas que lo saben todo, o eso creen, que hablan en voz alta para que se les note, que interrumpen a los demás cuando hablan, sin contemplaciones.

¡CALLA!

¡ESCUCHA!

¡DA RESPUESTAS CORTAS!

¡Y DEJA DE HABLAR EN CUANTO PUEDAS!

Al callarte estarás respetando a todos, también a ti mismo, porque escuchar es la mejor forma de respetar.

Y, si puedes, no practiques el ningufoneo; no desatiendas a las personas que están cerca de ti por atender tu móvil. Ni tampoco caigas en el «atrapadoporlapantalla»; nos aísla de la realidad verdadera.

Huye del llamado FOMO, acrónimo de «*Fear Of Missing Out*», traducido como el miedo a perderse algo, a que nada se nos escape. Mientras, lo que se nos escapa es la vida.

Cállate para disfrutar de verdad la vida.

Vive el momento, filosofía básica y mensaje mínimo de este manual.

Es la mejor forma de entender la mística, de entrar en comunión con lo que hay. En esto sí que se basa la plenitud del ser humano.

Necesitamos callarnos, escuchar, observar. Y no dejar de contemplar lo cotidiano.

Yo, el primero.

LAS DOS R

Quizá la solución más poderosa a todo lo que hemos visto juntos a lo largo de las páginas de este libro está recogida en dos funciones.

Ambas empiezan por r, y son pura biología.

Se trata de

RESPIRAR
y
REÍR[4]

4. Para nada me refiero a la llamada risa tonta, descontrolada, cargante y desesperante, sino a la risa y sonrisa de un rostro feliz, originaria de una visión panorámica, llena de contrastes y perspectivas, que nace del sentido del humor, resultado de no tomarse las cosas como algo tan importante. Casi todo es banal, muy pocas cosas importan de verdad.

No nos tomemos las cosas tan en serio, no dramaticemos más de la cuenta.

No necesitamos estar tanto tiempo de nuestra vida en alerta o estado de defensa.

Nos iría mucho mejor aprender a relativizar. Y quitarnos la armadura.

Casi nada es tan importante, casi nada es tan esencial.

Que no nos engañen, no nos engañemos, que lo banal no gane a lo esencial.

EPÍLOGO
Lo esencial

La lección que considero esencial para la vida —y mucho me temo que no voy a ser nada original— es esta: ama a Dios sobre todas las cosas y al prójimo como a ti mismo.

A eso se reduce, en pocas palabras, lo que busco en mi vida.

Primero, Dios.

Si la mirada no está en lo «Alto», lo de abajo no funciona.

Esto lo diría hoy de otra forma: si la mirada no está **dentro**, lo de fuera no funciona.

Creo que todo se juega en nuestro interior, y que lo exterior es tan solo un reflejo o una proyección de lo que tenemos dentro.

Pero la mirada a Dios, para que no sea alienante, debe redundar de forma inmediata en nuestros semejantes y, desde luego, aunque a menudo lo olvidamos, en nosotros mismos.

La fuerza con la que amamos a Dios es la misma que aquella con la que amamos a los demás y nos amamos a nosotros.

Y amar es dar y recibir, ambas cosas.

En esta asignatura, que es la del **amor**, me doy por el momento un aprobado. Pero confío tener todavía algún tiempo para subir mi calificación.

PABLO D'ORS

¡GRACIAS!

Gracias a la vida, por ser un regalo. Por dejarme sentirla. Siguiendo el principio budista, yo no pienso evitarla.

Gracias a la vida, por llevarme por caminos desconocidos.

Gracias a la vida, por hacerme llegar a esos lugares que ni siquiera había imaginado. A los que nunca esperé llegar.

Gracias a la vida, por traerme amores, caricias, besos y abrazos.

Gracias a la vida, por tantas enseñanzas que siempre consiguen dar la vuelta a mi cabeza, que me rompen para reconstruirme, que me ponen boca abajo, que cambian mi mente iniciática y estructurada, que me hacen crecer, que encienden mi luz.

Gracias a la vida, por hacerme entender mis miedos, mis rencores, mis complejos, mis reproches, mis angustias y preocupaciones.

Gracias a la vida, porque me ha concedido casi todos mis sueños, incluso aquellos que jamás imaginé.

Gracias a la vida, por darme alas y atrevimiento.

Gracias a la vida, por regalarme tiempo de vida, lo único que en realidad importa.

Gracias a la vida, por traerme su **esencia**.

Gracias a la vida, por poner junto a mí a estas personas que aquí nombraré y que, de una forma u otra, tanto quiero. Pensé que la vida me regalaba personas especiales, y son las personas especiales las que me regalan vida. ¡Qué suerte tengo! Agradecido a todas ellas.

Gracias a todos mis alumnos, por ser mis maestros. Gracias a todos los que pasan cada día por las diferentes aulas y salas en las que imparto cursos y conferencias, más de diez mil personas cada año me escuchan, me regalan tiempo suyo y comparten su talento. ¡Qué lujo! ¡Cuánta energía!

Gracias a todos los clientes que confían en nuestro proyecto, en Think & Action. Muchos ya son amigos. No podría nombraros a todos, pero me entran ganas😃.

Gracias a todos los que me acompañáis desde la oscuridad de la virtualidad, en las redes o desde el blog www.fernandobotella.com. No estáis lejos. Os siento muy cerca.

Gracias a todos mis lectores, de libros y artículos. También os siento cerca, os veo paseando por mis letras.

Gracias a mi nueva editorial, **Roca Editorial, de Penguin Ramdom House** (@penguinlibros), www.penguinlibros.com, por haber confiado en mí, haberme dado un «sí quiero», y embarcarse conmigo en este proyecto. Y gracias muy especialmente a **Sara Esturillo**, mi editora, por acompañarme en este largo proceso, por aportar tanto valor con sus revisiones, y por la paz que me transmite cada vez que estamos conectados.

Gracias a todos los invitados, amigos, que habéis querido participar en el capítulo de este libro titulado «**Ahora lo saben**». Gracias por compartir vuestros aprendizajes, lo que la vida os ha enseñado.

Gracias a **Mayte Segura**, corazón amigo, energía pura.

Gracias de corazón al maestro **Ramiro Calle**, autor del prólogo.

Una verdadera mente serena, yogui, de los auténticos, que ha escrito más de cien libros. Místico. Tantos años aprendiendo de él, leyéndole, y ahora un enorme privilegio que haya querido formar parte de este libro. Lo ha enriquecido. La ha elevado. Ramiro, agradecimiento desde lo más profundo de mi corazón.

El maestro nos enseña que no nos preocupemos mucho de cómo está el mundo, si no nos estamos ocupando de cómo estamos nosotros.

Gracias a **Pablo d´Ors**, por haber querido compartir con mis lectores sus enseñanzas sobre lo esencial. Un auténtico lujo poder contar aquí con tu sabiduría vital. Contigo, y por ti, empecé a meditar. ¡Gracias!

Si supieras Pablo lo que, desde tu silencio, me has enseñado, y me has cambiado. Pablo es sacerdote, escritor, monje del Tabor, un proyecto de monacato secular. Su obra literaria, de enorme éxito mundial, ha sido traducida a muchas lenguas. Su ensayo, *Biografía del silencio*, es un libro imprescindible en cualquier biblioteca. Y sin quitar nada de valor a todos los demás.

Gracias al doctor **Marcos Gómez Sancho**, fundador en España de la Sociedad de Cuidados Paliativos. Tantas historias, tantas aventuras juntos en otra época de mi vida. Un hombre que sabe lo que de verdad significa la vida, que lo practica cada día, que siempre ha entendido, con mucha sabiduría, distinguir lo esencial de lo accesorio. Gracias, doctor. Gracias, amigo. Muchas gracias por haber contribuido a que este libro baje el telón de una forma tan especial.

Gracias a **Álex Corretja**. Gracias por querer jugar un partido en esta pista de lo esencial y darnos una lección magistral, en pocas palabras, de lo más básico que alimenta la cualidad de lo esencial: el uso que hacemos de nuestro tiempo, es decir, por hablarnos del buen uso de la vida.

Gracias a todos mis compañeros, colegas que, a través de **Think & Action**, viajamos juntos de un tema a otro, cada día. Marta, Ami, Pilar, Álvaro, Susana… y tantos otros; estáis en mi pensamiento, y os estoy muy agradecido. Gracias a todos vosotros por enseñarme tanto, y por lo que aportáis a nuestra empresa y su proyecto profesional.

Gracias a mi mago de cabecera **Jorge Blass**, me sigue regalando mucha magia, después de quince años juntos, con nuestra *Fuerza de la ilusión*. Gracias a mi querido payaso y actor inteligente **Manu Feijóo**, creativo, divertido. Gracias a **Sara Escudero**, cómica (¡la mejor!), gracias porque eres un ser de luz. Gracias a mi hermanito pequeño, el director de orquesta **Daniel Abad Casanova**; forma parte de mi familia, él lo sabe. Además, compartimos escenarios, conferencias y talleres. Y un libro escrito a dúo: *Vivir con música*. Gracias a mi entrenador favorito, **Toni Nadal**, por tanta lección fuera de la pista. Gracias a mis compañeros de **La Sastrería Musical**, formada por el superguitarrista **Ovidio López** y el actor y guionista **Jesús Puche**; gracias por estar detrás de mis pódcast, en la parte técnica y musical, por compartir aventuras muy *splash*, y por saltar conmigo. Sois el corazón y cerebro en estos proyectos. Con todos ellos comparto escenario… y amistad.

¡Gracias a todo **el equipo Think & Action**! Un verdadero *dream team*. Compis, sois mi camino y mi luz profesional.

Gracias a Anna, Mario y Dani.

Y gracias, muy especiales, a **Estela Sánchez**, la persona que me acompaña en Think & Action desde siempre, desde antes de que esta historia empezase. Nada hubiese sido igual en este proyecto empresarial y vital si ella no hubiese estado siempre ahí, llevando el timón, extendiendo las velas a todo viento. ¡Eres, en gran parte, la esencia del proyecto!

Una pena enorme que el tiempo rompa, desgaste y erosione lo que tanto valor tiene. Yo te estimo, y así, ocurra lo que ocurra, será siempre…

Gracias a toda mi familia.

A mi papá y mi mamá, **Antonio y Rosa**. Ellos fueron los que empezaron todo esto, los que crearon lo más esencial de mí: darme a luz en esta vida.

Gracias a mis hijos e hijas no humanos: **Zoe y Zoe, Cuca, Boris y Kimi**.

A los que estáis todavía en casa, acompañándonos, y a las que habitáis el corazón, también cerca de nosotros cada día.

Sois mis mejores maestros. Este libro recoge, en gran medida, vuestras enseñanzas: menos pensar y más amar.

Gracias a mis dos hijas, **Anna y Sara**. Tan distintas en lo superficial, tan iguales en su luz brillante y amorosa. Gracias por la educación que me habéis dado y seguís dándome cada día. Sin vosotras esta vida sería otra vida, vacía, sombría. Sin sentido. Espero que consigáis ser las mujeres que queréis ser. Yo siempre estaré aquí.

Gracias a sus compañeros de vida, **Cote y Matt**. Siempre bienvenidos. Sois mi familia.

Gracias **Sara Botella** por las ilustraciones y tus ideas para la portada del libro. Que tú estés aquí lo hace diferente, hace que este manuscrito sea único. Yo siempre confié en tu capacidad creativa y de diseño, ¿recuerdas lo que te decían en el cole? Ahora, de aquello, nos reímos juntos…

Gracias a la pequeña **Emma** por hacernos sentir a todos la vida con renovada felicidad. Eres un amor. Ahora, mi nueva diosa. Ojalá quieras enseñar al abuelo todo lo que vayas aprendiendo en tu camino, al menos hasta que la vida me permita estar aquí, cerca de ti. Tan bebé, y ya eres mi maestra.

Gracias a **Marie**, mi *basicoterapeuta* personal… Y mi amor. Más de cuarenta y seis años dándome luz. Y tanto brillo. Todo este tiempo has estado enseñándome un poquito de lo que tú sabes, sin que se note, sin tener que mostrarlo a nadie más, sin que nadie lo vea, nunca detrás, siempre delante… y por delante de mí.

Gracias por haber leído las diferentes versiones de este manuscrito, han sido unas cuantas 😄. Gracias por tus correcciones y aportaciones.

Gracias por querer vivir con intensidad cada instante juntos, cada día.

Qué gran regalo me ha concedido la vida por el hecho de haberte podido conocer, porque hayas querido vivir junto a mí, por permitirme que te ame, por dejarme sentir toda tu **esencia**.

Ahora lo sé.

Y, querido lector, antes de que pases las últimas páginas de este libro, antes de que nos digamos adiós, quiero dejarte otro mensaje:

¡SÉ AGRADECIDO!

Celebra con gratitud el poder abrir los ojos hoy.

Hoy no es un día más, hoy es este día. Único.

Y se te ha ofrecido a ti. Es un regalo. Vívelo.

Ante esto, la única posible respuesta que el universo espera de ti, y de mí, es que lo vivamos con gratitud.

Sorprendámonos de lo más esencial, por ejemplo, de que podemos abrir los ojos y ver el cielo, y escuchar el canto de un pájaro, o el sonido del mar…, no todos pueden, no lo demos por hecho. Seamos agradecidos.

Estoy muy agradecido a todas estas personas tan bellas que forman parte de mi vida.

ECOSISTEMA DIGITAL

Me puedes conocer mejor en:
thinkandaction.com
fernandobotella.com

En mi canal de **YouTube** buscando mi nombre.

También puedes escuchar mis pódcast, en *TODOS LOS DÍAS*.

Te dejo un QR para que, si te apetece, puedas acceder directamente:

Y localizarme en las redes sociales:
Instagram y X: **@fb_think**
Facebook y LinkedIn: **Fernando Botella**

Además, si te apetece, podemos seguir en contacto, en este mail:
fb@somos.fun ¡Ganas de saber de ti!

Nota: en la época de las conexiones es cuando menos conectados estamos; me refiero a menos conectados con nosotros mismos.

Las redes sociales no representan la vida real, y, además, fomentan la superficialidad en las relaciones. Aun así, creo que ejercen un papel social interesante, si se utilizan bien. Sin embargo, no perdamos la profundidad de las relaciones verdaderas, las de carne y hueso, porque en la superficie no puede haber más que superficialidad. Debemos practicar las relaciones en la cercanía, con abrazos, sintiéndonos juntos.

Que lo superficial no sustituya a la profundidad en cualquier otro tipo de relación, porque nos estaríamos perdiendo la parte más amorosa.

Y que el móvil, en tu mano, no apague el pensamiento en tu mente.

AMÉN

En hebreo, significado de proclamar lo que se tiene por verdadero, lo que se acaba de decir, con el objetivo de ratificar una proposición.

Y unirse a ella.

Mi proposición para llegar al amén final:

EL VERDADERO DRAMA ES ESTAR EN LA VIDA Y NO HABER VIVIDO.

Estamos en este mundo para disfrutarlo. Esta es la verdadera espiritualidad. En esto consiste la mística, en aprender a meternos en nuestra vida, para vivirla.

«Si el libro que leemos no nos despierta con un puñetazo, ¿para qué leerlo?».

FRANZ KAFKA

Espero que este libro te haya despertado, a ser posible no con puñetazos, sino con caricias y sacudidas a tu alma.
¡Muévete!

No te quedes con las palabras que en este libro has leído, búscales la esencia.

¡Y eso es todo amigos! *(That´s all folks!)*

Este libro terminó de ser escrito la mañana del 4 de agosto del año 2023, en Santiago de Compostela, en A Quinta Da Auga. Momentos de relax, meditación, amigos, lecturas y escritura.

Y ahí aprendí, entre otras cosas, que, tal como cuento en la «primera lección», al comienzo del libro, es importante entender que en muchas ocasiones «**esto es lo que hay**», nos guste o no.

Bueno, en realidad, por allá, por Galicia, lo dicen así: «*¡Se chove, que chova!*».

¿Verdad, Diana y Adolfo?